CHRISTOPH QUARCH
Flirten mit Gott

CHRISTOPH QUARCH

flirten mit
Gott

» Warum Christsein
Sinnlichkeit und
Leidenschaft braucht
Ein Weckruf

PATTLOCH

Bibliografische Information: Deutsche Nationalbibliothek
Die Deutsche Nationalbibliothek verzeichnet diese Publikation in der Deutschen Nationalbibliografie; detaillierte bibliografische Daten sind im Internet über http://dnb.d-nb.de abrufbar.

© 2012 Pattloch Verlag GmbH & Co. KG, München

Umschlaggestaltung: Agentur initiale, Sandhatten
Lektorat, Gestaltung und Realisierung:
Agentur initiale, Sandhatten 2012
Satz: Wolfgang Eggerstorfer

Druck und Bindung: CPI – Clausen & Bosse, Leck
Printed in Germany

5 4 3 2 1

ISBN 978-3-629-13017-4

www.pattloch.de

Inhalt

Back to the roots

Einleitung

Gestatten Sie mir, sogleich mit meiner These ins Haus zu fallen. Sie lautet: Das realexistierende Christentum steckt in einer Krise. – »Nicht sonderlich originell«, meinen Sie? – Richtig, aber ich war auch noch nicht fertig. Vollständig lautet meine These: Das realexistierende Christentum steckt in einer Krise, weil es ihm an Sinnlichkeit mangelt. – Sie halten das auch noch nicht für viel origineller? Zugegeben, es ist auch nicht sonderlich originell. Wie könnte es das auch sein, wenn wir es mit einem Phänomen zu tun haben, das an einer zweitausend Jahre alten Institution zutage tritt? Und wenn die beklagte Symptomatik eigentlich schon seit langem bekannt ist? Es geht mir auch gar nicht darum, mit einer besonders innovativen These aufzuwarten;

>> **Das realexistierende Christentum steckt in einer Krise, weil es ihm an Sinnlichkeit mangelt.**

sondern es geht mir darum, Ihnen die besondere Dringlichkeit meines Themas nahezubringen. Denn tatsächlich glaube ich, dass die aktuelle Krise des realexistierenden Christentums – also seiner Erscheinungsform in Gestalt der großen christlichen Kirchen – radikal ist; radikal im eigentlichen Sinne des Wortes: Sie reicht an die *radix* – die Wurzel – dieser Religion; sie betrifft deren Mitte und Herz. Denn ihr Herz droht zu erkalten.

Sie sehen das anders? »Okay, in Deutschland und Westeuropa sind die Kirchen in die Defensive geraten«, meinen Sie, »aber weltweit ist das Christentum kraftvoll wie eh und je.« – »Mag sein, mag sein«, halte ich dagegen, »aber das ändert nichts daran, dass es ausgerechnet im Land der Reformation und in der Heimat des amtierenden Papstes reichlich Federn gelassen hat.« Gewiss hängt das Schicksal der christlichen Religion nicht davon ab, wie es um die Kirchen in Zentraleuropa bestellt ist; aber gewiss ist auch, dass es für deren Zukunft nicht belanglos sein kann, wenn ausgerechnet jener Kulturraum das Interesse an ihr verliert, von dem in den letzten 800 Jahren höchst bedeutende theologische Impulse ausgingen: die deutsche Mystik, die Reformation, die Romantik, die dialektische Theologie etc. Und vielleicht ist es so gesehen ja kein Wunder, dass ausgerechnet hier die von mir behauptete Krisensymptomatik dieser großen Religion am deutlichsten zutage tritt – weil es gerade hier eine Tradition des radikalen, reformatorischen, revolutionären Fragens gibt; weil gerade hier schon öfter theologische »Wurzelbehandlungen« erprobt worden sind.

Sie schütteln noch immer den Kopf? Sagen »Nicht doch! Seien Sie nicht so pessimistisch! Die Kirchen sind wieder im Kommen!« Sie verweisen auf den »Megatrend Spiritualität«, auf die »Rückkehr der Religion«. Sie erinnern an die Massen, die »unserem Papst« und der »heiligen Margot« zujubeln. Sie halten es mit Katrin Göring-Eckhardt und attestieren dem Protestantismus »so viel Aufbruch war nie«? Oder mit Matthias Mattusek, der dem Katholizismus eine goldene Zukunft verheißt? Ach, wissen Sie, da geht es mir wie dem guten Faust: Die Botschaft hör' ich wohl, allein mir fehlt der Glaube.

Im Ernst: In alledem kann ich nur Krisensymptome erkennen; das ehrenwerte, ja liebenswerte Bemühen, eine Situation schönzureden, die nicht schön geredet, sondern – ganz im Gegenteil – in aller Nüchternheit angeschaut werden sollte. Weil sonst das in ihr schlummernde Potenzial nicht entfacht werden kann; weil es sonst immer so weitergeht nach dem Motto: »Es wird schon alles gut werden« oder »Wir haben schon andere Stürme überstanden«. Mag alles sein, aber hier geht es nicht um einen Sturm, sondern um eine Herzkrankheit. Und damit sollte man nicht spaßen, meine ich. Denn seien wir doch ehrlich: Natürlich kaufen die Menschen die Bücher von Frau Käßmann und Papst Benedikt; natürlich strömen Hunderttausende zu Kirchentagen und Weltjugendtreffen; natürlich sind die Kirchen noch immer eine Macht im Staat; natürlich sagen die demographischen Erhebungen der Religionssoziologen, dass noch immer große Teile der Bevölkerung unseres Landes religiös sind. Aber es stimmt eben auch, dass stetig die Zahl derer steigt, die zwar religiös sind, ihre Heimat aber gerade nicht in den christlichen Kirchen finden; und leider stimmt es auch, dass die Zahl der Kirchenmitglieder kontinuier-

» **Hier geht es nicht um einen Sturm, sondern um eine Herzkrankheit.**

lich sinkt (trotz leicht steigender Wiedereintrittsquote); es stimmt auch, dass Bischöfe und Geistliche zwar in Medien und Politik auftreten dürfen, dabei aber wenig Einfluss haben; und es stimmt ebenfalls, dass zwar Millionen Leser bestimmte christliche »Aushängeschilder« toll finden, weil sie ihre ungestillten Sehnsüchte in sie projizieren dürfen, deswegen aber mitnichten vom Geist der christlichen Religion gepackt, begeistert oder berührt sind. Und eben das ist es, was mich von Krise reden lässt: Das Fehlen von Begeisterung, der Mangel an kulturprägender Kraft, das Ausbleiben theologischer und philosophischer Innovation, das Verschlafen des wissenschaftlichen Paradigmenwechsels, der sich derzeit vollzieht – dieser Konformismus, der jede spirituell-religiöse Kreativität im Keim erstickt.

»Der Geist«, heißt es, »weht, wo er will«. Was mich besorgt, ist, dass er im realexistierenden Christentum nun aber gerade nicht weht; ja womöglich gar nicht wehen will. Und dass deshalb die spirituelle Sehnsucht, der geistige Hunger, viele Menschen in ganz andere Richtungen treibt und drängt: in asiatische Religionen, in esoterische Welten, auf schamanische Weisheitswege; was

>> **Der Geist weht im realexistierenden Christentum gerade nicht.**

alles gut und schön ist, nur eben nicht als Hoffnungsschimmer für die christliche Tradition verbucht werden kann. Denn vor dieser beugt sich eben – um eine Formulierung Hegels zu verwenden – das Knie nicht mehr.

Vielmehr wird sie von einem schrumpfenden und alternden Kreis von Anhängern bewahrt und von einem – irgendwann muss es ja mal gesagt sein – mediokren Kreis von »Kirchenverwesern« verwaltet. Es sind – ob es einem nun passt oder nicht – die konservativen Milieus, die den Kirchen die Stange halten; während die innovativen, kulturkreativen, zukunftsorientierten Teile unserer Gesellschaft ihre Sinnsuche anderenorts verfolgen. Und mir scheint, dass es angesichts dessen nur recht und billig ist, die Frage aufzuwerfen: Warum? Was ist hier los? – und eine Antwort zur Diskussion zu stellen, die sagt: Hier ist eine Menge los! Hier gärt es im Untergrund! Hier braut sich eine Eruption zusammen, deren Energie nur dann den Kirchen zum Wohle gereichen wird, wenn sie bereit sind, sie in den Blick zu nehmen; in die Tiefe zu gehen, nach der Wurzel zu schauen, ja – ggf. *zu Grunde* zu gehen, auf dass Neues entstehen kann.

Und nun frage ich Sie: Darf ich Sie einladen, mit mir für einen Moment an den Rand des Abgrunds zu treten und hinunter zu schauen? Wollen Sie das Wagnis eingehen, einen Blick dorthin zu riskieren, wo ich die Wurzel der beschriebenen Krisensymptome erkenne; dorthin, wo womöglich noch immer die brennende spirituelle Sehnsucht der Menschen gestillt werden könnte: ins Herz der christlichen Religion – in dieses Herz, das infolge schlechter Theologie geschwächt ist und das heute in einem Klima aus Angst und Konformismus zu erkalten droht? Darf ich Sie darauf aufmerksam machen, was es ist, das diesem Herz fehlt – und gut täte? Ja? Dann heiße ich Sie willkommen in diesem Buch!

Das gebrochene Herz

Wie dem Christentum die Sinnlichkeit ausgetrieben wurde

Der Religionswissenschaftler Walter Schubart hat einen Satz formuliert, der mit großer Präzision die Krise des real existierenden Christentums auf den Punkt bringt: »Wo Eros und Religion sich trennen, wird er gemein und sie erkaltet.«

Das trifft es. Das ist die prägnanteste mir bekannte Deutung der eingangs beschriebenen spirituell-religiösen Großwetterlage der Gegenwart, deren markantestes Kennzeichen das Fehlen von Sinnlichkeit und Leidenschaft im realexistierenden Christum ist. Nun, das muss ich erläutern. Denn das Wort »Eros«, das darin begegnet, mag ob seiner Anstößigkeit ein tieferes Verstehen dieses Satzes verhindern. Fragen wir also: Wer oder was ist Eros? Und was heißt es, dass er

> **»» Wo Eros und Religion sich trennen, wird er gemein und sie erkaltet.**

sich von der – christlichen – Religion getrennt hat? Und wie konnte es dazu kommen? Inwiefern ist Eros gemein geworden und die Religion erkaltet?

Liebe mit Sinn und Sinnlichkeit: Eros

Eros ist ein griechisches Wort und heißt nicht mehr und nicht weniger als *Liebe*. Nur haben wir damit leider noch gar nichts gewonnen, denn es gibt wohl kaum ein missverständlicheres und häufiger missverstandenes Wort als Liebe. Woran, wie wir gleich sehen werden, übrigens allem voran die frühe christliche Theologie Schuld ist, denn sie war es, die ausgerechnet über dieses zentrale Motiv der Verkündigung Jesu eine – im vollen Sinne des Wortes – *heillose* Verwirrung angestellt hat. Was dann geradewegs zum Verlust der Sinnlichkeit infolge der von Schubart diagnostizierten Trennung von Eros und christlicher Religion geführt hat. Aber ich greife voraus. Wir müssen verstehen, was Eros ist. Und das können wir am besten, wenn wir weit zurück gehen – weit zurück zu den Wurzeln, den Quellen des europäischen Geistes; zurück dorthin, wo das Wort *Eros* seinen Ursprung hat: in die geistige Welt des alten Hellas.

Und dort zeigt sich vor allem eines: Eros meint die Liebe in all ihren Facetten. Eros ist die leidenschaftliche Liebe, die den Menschen mit Leib und Seele ergreift; die Liebe, die uns in Sinn und Sinnlichkeit durchdringt, das Herz erfüllt und uns beflügelt, beherzt unser Bestes zu geben. Eros treibt die Menschen ebenso aufs Liebeslager, wie er sie zu höchsten mystischen Ekstasen anfeuert. Er ist in der Sexualität nicht minder mächtig als in der Spiritualität; in der Kunst nicht minder als in der Philosophie. Er ist, wie der große Platon einst formulierte, »ein Mittler zwischen Mensch und Gott«. Womit denn auch angedeutet wäre, was Eros und Religion miteinander zu tun haben: sehr viel.

Denn Religion ist, wenn stimmt, was Platon lehrt, ein durch und durch erotisches Geschäft – ein Akt der Liebe, der leidenschaftlichen Liebe, der sinnlichen Liebe, der vibrierenden Liebe, die jeden, den sie ergreift, über sich hinaus wachsen

» Religion ist ein durch und durch erotisches Geschäft, ein Akt der sinnlichen Liebe.

lässt; der Liebe, die jeder kennt, der einmal in seinem Leben verliebt war. Denn auch das ist Eros: die Kraft, die Menschen zueinander führt; sie aus der Fokussierung auf ihr Ich befreit; sie ihrer Verbundenheit bewusst werden lässt und dadurch ihrem Miteinander Verbindlichkeit verleiht. Eros, heißt es in Platons *Symposion* (dt. Gastmahl), trägt dafür Sorge, dass alles mit allem verbunden ist. Und das nicht nur in der Menschenwelt, sondern überall – im ganzen Kosmos.

Das Bewusstsein für diese erotische, leidenschaftliche Liebe, behaupte ich, ist dem realexistierenden Christentum abhanden gekommen. Weder wird sie von den Kanzeln gepredigt, noch von den Theologen gewertschätzt. Und genau das halte ich für fatal. Denn dieser Verlust ist der eigentliche Grund und die tiefe Wurzel der gegenwärtigen Krise der Kirchen. Sie sind unerotisch. Sie sind nicht sexy. So wenig Schönheit strahlt mir dort entgegen, kein Zauber, wenig Heiterkeit. Es fehlt das Feuer der Leidenschaft, die Sinnlichkeit der Liebe; es fehlt an Poesie und Zärtlichkeit, an Hingabe und Schöpferkraft. All das vermissen Menschen in den Kirchen, was ihre Herzen vibrieren lässt – was sie beflügelt und erotisiert, sie berührt und bewegt, sie in die Weite und in die Tiefe führt; all das, was sie ins Herz bringt, in die Liebe fallen lässt, sie verliebt macht: in Gott und die Welt, das Leben, die Menschen und in sich selbst.

>> **Kirchen sind unerotisch, sie sind nicht sexy.**

Die Religion der Liebe

Nun mögen Sie fragen: »Was hat Kirche mit alledem zu tun? Es ist doch nicht Sache der Kirchen, Menschen zu erotisieren oder in die Liebe fallen zu lassen? Wenn Sie das suchen, mein lieber Herr Autor, dann gehen Sie auf Brautschau aber nicht in die Kirche!« Oder vielleicht halten Sie es mit Richard David Precht und erklären alles Erotische zur Erscheinungsform einer durch und durch pathologischen »romantischen Liebe«, die – so Precht – immer »eine sehr narzistische Angelegenheit« ist und deswegen von ihm mit Genuss gegen die christliche Tugend der Caritas ausgespielt wird. Gut, Sie können das so sehen; aber ich glaube nicht, dass uns das einen Schritt weiter bringt. Darum lassen Sie mich erklären, warum ich das anders sehe. Warum ich durchaus der Meinung bin, dass Eros unsere Wertschätzung verdient, und warum es Sache der Religion im Allgemeinen ist, Menschen in Sinn und Sinnlichkeit zu begeistern – und Sache des Christentums im Besonderen, sie in die Liebe fallen zu lassen.

Ganz einfach deshalb, weil der Gründer und Stifter dieser Religion all denen, die ihm folgen wollen, nichts anderes aufgetragen hat, als Liebe, Liebe und Liebe. Gefragt nach dem höchsten Gebot, entgegnete Jesus: »Du sollst den Herrn, deinen Gott, lieben von ganzem Herzen, von ganzer Seele und von ganzem Gemüt. Dies ist das höchste und größte Gebot. Das andere aber ist dem gleich: »Du sollst deinen Nächsten lieben wie dich selbst.« (Matthäus 32,37-39). Dessen eingedenk kann kein Zweifel bestehen: Wenn es ein Herz und eine Mitte

» Wenn es ein Herz und eine Mitte des Christentums gibt – dann ist es die Liebe.

des Christentums gibt – eine Wurzel, die dessen mächtigen Stamm trägt – dann ist es die Liebe. Ist sie es doch auch, von der im 1. Johannesbrief Gewichtiges gesagt ist: »Gott ist die Liebe«, heißt es dort, »und wer in der Liebe bleibt, der bleibt in Gott und Gott in ihm« (1. Johannes 4,16). Klarer kann man es nicht haben. Und noch ein

Wort gehört hier hin. Paulus: »Nun aber bleiben Glaube, Liebe, Hoffnung, diese drei: Aber die Liebe ist die größte unter ihnen.« (1. Korinther 13,13).

Die Liebe ist größer als Glaube und Hoffnung, die Liebe ist die Summe des Gesetzes, die Liebe ist Gott. Wenn man das hört: Wer wollte bestreiten, dass das Christentum tatsächlich die (oder wenigstens *eine*) Religion der Liebe ist? In der Dogmatik wird Gott als Liebe gefeiert, in der Ethik wird die Liebe zum Wert aller Werte, in der Spiritualität überragt sie an Bedeutung alle Bekenntnisse und Rituale. So gesehen gibt es guten Grund, dem alten Lessing beizupflichten, wenn er in seinem reizenden Stück *Testamentum Johannis* erzählt, der Lieblingsjünger Jesu, Johannes, habe sein Apostelamt zum Ende seines Lebens hin immer mehr auf das Wesentliche konzentriert. Seine Predigt, sagt Lessing, »kam immer ganz aus dem Herzen. Denn sie war immer einfältig und kurz; und wurde immer von Tag zu Tag einfältiger und kürzer, bis er sie endlich gar auf die Worte einzog [...] *Kinderchen, liebt euch!*« Und darauf angesprochen, warum er nichts anderes mehr zu sagen wisse, habe Johannes nur erklärt: »... weil das allein, das allein, wenn es geschieht, genug, hinlänglich genug ist.«

>> **Liebe, nur Liebe, wir haben sonst kein Werk.**

Offen gestanden: Ich glaube, Lessings Johannes trifft ins Schwarze. Nur hätte er es vielleicht noch mehr komprimieren können. So wie Rumi, der große Mystiker und

Sufi es tat. Der war zwar kein Christ, hatte dafür aber das Wesen des Christentums glänzend getroffen, als er sagte: »Liebe, nur Liebe, wir haben sonst kein Werk.« Denn eben das kommt heraus, wenn man die Kernaussagen des Neuen Testaments zusammen liest. Nur kommt es leider nicht heraus, wenn man das realexistierende Christentum in Gegenwart und Vergangenheit betrachtet. Und da fragt man sich: Warum?

Die Antwort ist bereits gegeben: Weil sich in der christlichen Theologie relativ früh eine Deutung der Liebe durchgesetzt hat, die das mit diesem Wort *Liebe* bezeichnete Phänomen verzerrt und verschattet – eine Deutung, infolge derer die den Menschen im Ganzen erfüllende Liebe zu der neuerdings von Precht propagierten moralischen Norm namens *Caritas* deformiert wurde. Sie wurde zu einer inneren Haltung umgedeutet – zu einer Haltung, die man mit dem *Kopf* einnehmen und in ihm *haben* kann; während sie doch in Wahrheit eine Qualität des Herzens ist, in der wir *sein* können – die wir nicht machen und herstellen können, sondern der wir uns allenfalls ausliefern und hingeben können; und sie ist dabei nicht irgendeine Qualität des Herzens, sondern genau diejenige, die in der Sprache Jesu das *Reich Gottes* heißt – diejenige Wirklichkeit, in der wir Menschen dem Sein Gottes, der Liebe, so nahe kommen, wie es überhaupt nur möglich ist.

Wie aber sähe eine Deutung der Liebe aus, die dem gerecht würde? Sie ahnen was jetzt kommt? – Richtig! Ich behaupte: Es wäre eine Deutung, die all die erotischen Facetten der Liebe einschlösse: eine Deutung, die bei der Liebe, die Jesus predigt und vorlebt, all das Leidenschaftliche und Sinnliche mithörte; die neben Jesu spiritueller Hingabe an Gott auch seine körperliche Hinwendung zum Menschen würdigte; die in ihm nicht nur den Meister der Worte, sondern auch den Meister der Berührung sähe. Ja, es wäre eine Deutung, die nicht die Augen davor verschlösse, dass sich die wahre, umfassende Liebe immer aus der Kraft des Herzens speist; und dass es die von Eros beseelte Kraft des Herzens ist, die Menschen über sich hinaus wachsen lässt – sie transzendiert und Gott in der Schönheit seiner Schöpfung feiern lässt. Kurz: Es wäre eine Deutung, die geradewegs dem vor den Kopf schlägt, was der Mainstream der christlichen Theologie den Gläubigen als Liebe schmackhaft machen wollte: diese altruistische, aufopferungsvolle Liebe der kirchlichen Ethik; diese moralisierte Liebe, die geboten werden kann; auf die man verpflichtet werden kann; diese Liebe, die nicht wie der sinnenfrohe Eros über einen kommt und begeistert, sondern zu der man sich aus eigenem Willensdrang entscheiden kann – und *muss*; diese Liebe, die viel mit Solidarität und Barmherzigkeit zu tun hat, wenig aber mit Hingerissen- und Hingegeben-Sein; eben diese *Caritas*, die die alten Theologen in aller Schärfe von dem absonderten, was in der griechisch sprechenden Welt als *Eros* bekannt war und die damit das Christentum um sein Bestes brachten: sein glühendes, begeistertes und begeisterndes Herz.

Der Sündenfall

Davon wollten die alten Theologen nichts wissen. Zumindest die meisten. Sie haben dem Christentum sein erotisches Herz gebrochen, weil es für sie Eros nur in Gestalt des Sexus gab – und weil sie die Sexualität nicht als integralen Teil der erotischen Hinwendung zu Gott begreifen konnten, forderten sie, wie Ignatius von Antiochien im 2. Jahrhundert, Eros müsse gekreuzigt werden. Was dann fataler Weise auch geschah, indem die kirchliche Morallehre zwar die Liebe in Gestalt der entsinnlichten Form der Caritas gelten ließ, die leidenschaftlich-erotischen Anteile aber als sündhaft deklarierte.

> **» Die alten Theologen haben dem Christentum das Herz gebrochen.**

Ich nenne das den Sündenfall der christlichen Theologie. Er ereignet sich früh. Lassen Sie mich kurz davon erzählen, um zu verstehen, was eigentlich schief gelaufen ist. Also: In der Welt des römischen Kaiserreichs galt es allgemein als schick, sich in Leibfeindlichkeit und Askese zu ergehen. Es waren nicht nur Christen, die damals alles Sinnliche und Erotische diffamierten. Aber – wie der britische Religionswissenschaftler Peter Brown gezeigt hat – waren es doch die Propagandisten der aufstrebenden neuen Religion, die radikale sexuelle Enthaltsamkeit und Sinnenfeindlichkeit zu einer Art

Alleinstellungsmerkmal der Christenheit erheben wollten. Das aber konnte nur gelingen, wenn die von Jesus und den Aposteln so hoch geschätzte Liebe in ein neues Licht gerückt würde. Und kein Licht bot sich dafür mehr an als dasjenige des moralischen Denkens.

Was ist damit gemeint? Das moralische Denken funktioniert nach einem einfachen Prinzip: dem Prinzip des freien Willens. Wer moralisch denkt, geht davon aus, dass wir Menschen über einen freien Willen verfügen, kraft dessen wir uns dafür oder dagegen entscheiden, bestimmten Geboten zu folgen – wobei es auf der strukturellen Ebene nebensächlich ist, ob es sich dabei um die Zehn Gebote, die Scharia oder das moralische Sittengesetz von Immanuel Kant handelt. Um die geistige Formation der Moral zu verstehen, genügt es, sich klar zu machen, dass sie auf der Idee aufbaut, wir seien die Autoren unseres eigenen Tuns und Lassens und dabei verwiesen oder auch verpflichtet auf einen Kanon von Normen, Werten, Standards etc., denen wir Gehorsam schulden. Und da wir uns dem kraft unseres Willens auch verweigern können, sind wir für Gelingen und Scheitern der Autorenschaft unseres Lebens rechenschaftspflichtig; und zwar – nach der damals sich durchsetzenden christlichen Sicht – am Jüngsten Tag, an dem ein jeder darauf hin befragt werden wird, ob er guten oder bösen Willens gelebt hat. Was gleichbedeutend ist mit: ob er ein guter oder böser Mensch gewesen ist. Denn wie Kant, der unzweifelhaft Größte aller moralischen Denker, sagte: »Es ist überall nichts in der Welt, ja überhaupt auch außer derselben zu denken möglich, was ohne Einschränkung für gut könnte gehalten werden, als allein ein guter Wille.«

So hatte das in der Frühzeit der Kirche schon der Heilige Augustinus gesehen. Auch er war beseelt von dem Gedanken, es sei der freie Wille, in dessen Macht es stehe, das Leben zum Guten oder Bösen ausschlagen zu lassen. Und deshalb war es wohl nur konsequent, wenn er in seiner Abhandlung über den »Gottesstaat« die Theorie vortrug, die Liebe – an deren zentraler Bedeutung für das Christentum er keinen Augenblick zweifelte – sei eine Sache des Willens. Mehr noch: Sie sei Willen – guter Willen: der Wille, sich ganz dem Gebot Gottes zu unterwerfen und den Weisungen Jesu Gehorsam zu leisten; der Wille, sich gerade nicht von Leidenschaft und Sinnlichkeit erfüllen zu lassen, sondern selbstbestimmt zum Herren und Meister des eigenen Lebens zu avancieren. Eine ihrer selbst mächtige Caritas leuchtete vor den Augen Augustins – und sie leuchtete umso heller, als er in seiner Jugend offenbar stark darunter gelitten hatte, von sexueller Lust, ja womöglich Obsession, getrieben zu sein. Der Eros, der ihn damals packte, erschien ihm rückblickend als geradezu teuflischen Ursprungs; gerade weil er seiner nicht Herr werden konnte. Und so

> **»Augustinus sagt, die Liebe sei eine Sache des Willens, sich ganz dem Gebot Gottes zu unterwerfen.**

nimmt es nicht Wunder, dass er seinen Schritt in den christlichen Glauben allem voran als einen Akt der Selbstüberwindung und Askese verstand, bei dem er sich kraft seines Willens von seiner sexuellen Begierde befreite und somit Platz schuf für dasjenige Leben, das er für christlich, gottgefällig und heilig hielt: ein Leben der Caritas, der Solidarität, der Nächstenliebe – ein moralisches Leben, dessen Wert darin besteht, von seinem Autor gewollt zu sein; ein leidenschaftsloses Leben, frei von den Stürmen und Wogen des Eros; das sich nicht hinreißen lässt, sondern die Kontrolle über sich behält – nüchtern, achtsam, rational. Mit wachem Sinn, aber ohne Sinnlichkeit.

Nun liegt es mir fern, den Heiligen Augustinus dafür tadeln zu wollen. Denn es ist gewiss etwas Schönes und uns Menschen gut zu Gesicht Stehendes, wenn wir uns nicht von unseren Leidenschaften treiben lassen, sondern selbstbestimmt und nüchtern durchs Leben schreiten. Aber dass er aus dieser Erfahrung eine folgenreiche theologische Ideologie der Verdammnis aller Sinnlichkeit machte, erscheint mir dann doch problematisch – um nicht zu sagen fatal.

Denn Augustinus begnügte sich nicht damit, die selbstmächtige Caritas als eine Variation der großen Wirklichkeit der Liebe zu feiern (was sie zweifellos ist), sondern er ließ sich dazu hinreißen (ausgerechnet er), alle anderen Erscheinungsformen der Liebe zu verdammen: Eros durfte nicht mehr sein. Sinnlichkeit und Sexualität durften nicht mehr sein. Leidenschaft durfte nicht mehr sein. – Warum? Weil sie sich unserem Willen entziehen. Weil sie die Moral untergraben. Weil sie Mächte im Leben sind, die sich unserer selbstbestimmten Autorenschaft entziehen. Denn es ist ja wahr. Die erotische Liebe packt uns. Eros' Pfeil trifft uns. Ob wir wollen oder nicht. Er/sie/es reißt uns hin, übermächtigt uns, untergräbt

» Eros ist subversiv.

unseren Willen. Eros ist subversiv und alles Erotische ein Angang für unsere nüchterne Selbstherrlichkeit und den Stolz unseres Willens. Und deshalb – nur deshalb – fiel der sinnlich-leidenschaftliche Eros der Verachtung des Augustinus anheim. Nicht weil er – wie viele andere Christen und Heiden vor ihm – alles Körperliche und Sinnliche ob seiner Flüchtigkeit gering schätzte, sondern weil es ihm unmoralisch, außermoralisch, amoralisch dünkte, verdammte er das Erotische; und schnitt mit diesem verurteilenden Ur-Teil tief in die Wurzel der christlichen Religion hinein. So tief, dass Eros und Religion sich trennten; so tief, dass uns diese Verurteilung des Erotischen heute, nach 1500 Jahren, gehörig auf die Füße fällt.

Einer, der das auch so gesehen hat, war Friedrich Nietzsche. Er schreibt, es sei »dem Christentum gelungen, aus Eros und Aphrodite – großen idealfähigen Mächten – höllische Kobolde und Truggeister zu schaffen, durch die Martern, welche es in dem Gewissen der Gläubigen bei allen geschlechtlichen Erregungen entstehen ließ.« Und er fragt satte 130 Jahre vor den jüngsten Missbrauchsskandalen der katholischen Kirche: »Ist es nicht schrecklich, notwendige und regelmäßige Empfindungen zu einer Quelle des inneren Elends zu machen und dergestalt das innere Elend bei jedem Menschen notwendig und regelmäßig machen zu wollen!« – Ja, müssen wir ihm antworten, das ist schrecklich. Es ist schrecklich für uns alle. Es ist schrecklich für einen geistlichen Stand, der über Jahrhunderte hinweg genötigt wurde, die erotisch-sinnliche Dimension des Lebens zu eliminieren oder wenigstens zu unterdrücken – was aber oft nicht gelang und dann dazu führte, dass der zum Hauptportal hinausgejagte Eros sich in pervertierter Gestalt durchs Hintertürchen in die Seelen schlich. Aber es ist auch schrecklich für die »säkulare Welt«, die unter dem Einfluss des theologischen Sündenfalls den Sinn dafür verlor, dass Erotik und Sexualität ein heiliges Geschehen sind. Denn in dem Maße, in dem die christliche Morallehre die Liebe von allem Erotisch-Sinnlich-Leidenschaftlichen »bereinigte«, wurde – on the long run – auch die Sexualität alles dessen entledigt, was mit Liebe und Spiritualität zu tun hat. Eros wurde gemein und entartete zum Laster. Heute lebt er in unserer Sprache nur noch in der völlig entfremdeten Gestalt von Eros-Centern und Erotik-Magazinen. Mit dem, was erotische Liebe wirklich ist – der sinnlich-körperlich-leidenschaftlichen Mittlerin zwischen Gott und Mensch, der Weisheit des liebenden

>> **Der zum Hauptportal hinausgejagte Eros schlich sich in pervertierter Gestalt in die Seele.**

Herzens – hat das gar nichts mehr zu tun. Der gemeine Eros und die erkaltete Religion – sie sind tatsächlich die konsequente Folge des theologischen Sündenfalls der Antike.

Glühende Liebhaber und brünstige Bräute

Zur Ehrenrettung der Kirche muss jedoch gesagt werden, dass es gegen diese Ent-Erotisierung der Liebe durch ihre Moralisierung immer auch Widerständler gegeben hat. Origines etwa, der bedeutende Kirchenvater aus Ägypten, meinte, Gott sei Eros. Und in eine ähnliche Kerbe haute später Gregor von Nyssa, einer der Kappadokischen Väter, der sagte: Die Liebe, die von Jesus als die Mitte der christlichen Ethik proklamiert wird, sei ein *erotikon pathos*, eine erotische Leidenschaft. Wie kamen sie darauf?

Sie kamen darauf, weil sie des Griechischen mächtig waren. Zwar fanden sie in den Texten des Neuen Testaments nirgends das Wort *Eros*, aber sie waren doch mit ihrer Muttersprache so vertraut, dass sie bei dem in den neutestamentlichen Texten gebräuchlichen Wort für Liebe – *Agape* – die erotische Komponente mitschwingen hörten. Die heutige Theologie tut das freilich nicht mehr, weil sie sich angewöhnt hat, die neutestamentliche *Agape* ausschließlich als *Caritas* zu deuten, so wie es unter Einfluss des Augustinus Jahrtausende lang üblich war. Bei Lichte besehen aber bezeichnet *Agape* keineswegs die moralische Nächstenliebe der *Caritas*, sondern eine Erscheinungsform der Liebe, die viel mit

Eros, Leidenschaft und Sinnlichkeit zu tun hat. Ich will mich mit solchen philologischen Spitzfindigkeiten nicht zu lange aufhalten, möchte aber doch nicht unerwähnt lassen, dass den Autoren des Neuen Testaments in der ihnen geläufigen griechischen Übersetzung des Alten Testaments (der sogenannten Septuaginta) ein Text vorlag, der wie kein zweiter die Freuden der sinnlichen Liebe besang: das Hohe Lied Salomons; und dass sie dort, immer wenn es um Erotik, Sexualität und Liebeslust geht, erstaunlicherweise gerade nicht das Wörtchen *Eros* fanden, sondern *Agape*: Ein klares Indiz dafür, dass *Agape* allen griechisch denkenden und fühlenden Menschen der Antike keineswegs als moralische *Caritas* erschien, sondern als besonders feine, edle Erscheinungsform der sinnlichen Liebe des *Eros*: und dass die erotisch-sinnlich-leidenschaftliche Liebe mithin auch da gemeint ist, wo Jesus die Seinen dazu anhält, einander in *Agape* verbunden zu sein, wo Paulus die *Agape* als größer denn Glaube und Hoffnung preist und der Autor des Johannesbriefes erklärt, Gott sei *Agape*, und wer in der *Agape* bleibt, der bleibt in Gott ...

> **Eros ist auch da gemeint, wo Jesus die Seinen dazu anhält, einander in Agape verbunden zu sein.**

So gesehen ist es nicht überraschend, dass die griechisch schreibenden und denkenden Verfechter des Erotischen ihre Inspiration aus dem Hohen Lied bezogen; erkannten sie doch in diesem sinnenfrohesten aller biblischen Bücher einen einzigen Lobpreis der erotischen Kraft der Seele. Zu Recht. Eine Kostprobe:

Siehe, meine Freundin, du bist schön!
Siehe, schön bist du! Deine Augen sind Taubenaugen hinter deinem Schleier.
Dein Haar ist wie eine Herde Ziegen, die herabsteigen vom Gebirge Gildead.
Deine beiden Brüste sind wie junge Zwillinge von Gazellen, die unter den Lilien weiden.
Du bist wunderbar schön, meine Freundin, und kein Makel ist an dir.
Du hast mir das Herz genommen, meine Schwester, liebe Braut, du hast mir das Herz genommen mit einem einzigen Blick deiner Augen, mit einer einzigen Kette an deinem Hals.
(Hohes Lied 4,1,5,7+9)

Man kann sich ausmalen, dass es für diejenigen, die Eros kreuzigen wollten, ein Angang war, dass solches in der Bibel stand. Doch die besten unter den Theologen zu fast allen Zeiten nahmen solche Zeilen als Ansporn, die von der Moral verurteilte erotische Komponente der Liebe in die christliche Spiritualität hinüber zu retten. Sie deuteten die sinnlichen Gesänge des Hohen Liedes

»So fand Eros sein Auskommen in Gestalt der christlichen Liebesmystik.

als Metaphern für die leidenschaftliche, glühende, erotische Liebe des Menschen zu Gott. So fand Eros sein Auskommen in Gestalt der christlichen Liebesmystik, die vor allem im Mittelalter viele Männer und Frauen in erotisch-mystische Ekstasen führte. Man denke nur an Männer wie Bernard von Clairvaux oder Wilhelm von St. Thierry, die im 12. Jahrhundert die Brautmystik schufen. Oder an den von Liebesleidenschaft durchglühten Franz von Assisi. Oder an all die von erotischer Liebeslust erfüllten Frauen, die im Hochmittelalter die Abteien und Beginenhäuser füllten: von Schwester Hadewijck über Gertrud von Helfta hin zu Katharina von Siena, Juliana von Norwich oder Teresa von Avila. Und allen voran an Mechthild von Magdeburg, die ihrer von Sinnlichkeit und Hingabe erfüllten Leidenschaft zu Gott nicht anders Ausdruck zu verleihen vermochte, als in einer von erotischen Bildern gesättigten Sprache:

Eia, Herr, liebe mich innig,
und liebe mich häufig und lange!
Denn je inniger Du mich liebst,
desto reiner werde ich.
Je öfter du mich liebst,
desto schöner werde ich.
Je länger du mich liebst,
desto heiliger werde ich hier auf Erden.

Nur, die solcherart ins Christliche »gerettete« Erotik blieb trotz aller Leidenschaftlichkeit und Sinnlichkeit kastriert. Denn die körperlich-sexuelle Komponente, die für die alten Griechen noch selbstverständlicher

Ausdruck der erotischen Liebe war, blieb auf der Strecke. Solches hatten weder die glühenden Troubadoure des Glaubens im Sinn, noch die brünstigen Bräute Jesu in der Klöstern und Beginenhäusern. Das Übergewicht der christlichen Moral war dann eben doch zu groß: *Sancte, ardente, caste* – heilig, brennend, keusch – wollte man sein. Erotisch aber nicht sexuell, sinnlich aber unter Umgehung des Leibes, der oft als größtes Hindernis auf dem Weg zur seligen Vereinigung mit dem Göttlichen aus dem Weg geräumt werden sollte. Und so war es ein irgendwie flügellahmer Eros, den die christliche Mystik bei aller poetischen Kraft und sinnlichen Schönheit zelebrierte. Und selbst den konnte der Mainstream der kirchlichen Dogmatik kaum zulassen. Die körperlich-sinnliche Kraft, die ihm eignete, blieb außen vor. Die Folgen davon haben wir uns eingangs zu Bewusstsein gebracht.

»Es war ein flügellahmer Eros, den die christliche Mystik zelebrierte.

Jesus eroticus

Warum habe ich Ihnen nun diese ganze Geschichte erzählt – vom theologischen Sündenfall, vom Gemeinwerden des Eros, vom Erkalten der Religion? Weil ich ihnen darlegen wollte, dass das realexistierende Christentum der Gegenwart darunter leidet; weil die

Theologie infolge ihrer – wie ich meine – Fehldeutung der Liebe (*Agape*) die christliche Spiritualität um ihre Sinnlichkeit, die christliche Ethik um ihre Beherztheit, die christliche Dogmatik um ein wirkliches Verständnis des Gottes gebracht hat, der die Liebe ist. Und weil wir deshalb gar nicht mehr in der Lage sind, dort die sinnlich-leidenschaftlich-erotische Kraft der Liebe zu erkennen, wo dieser Gott sich inkarniert: wo er sinnenfällig wird in der Gestalt des Jesus von Nazareth. Denn zu sehr haben wir uns angewöhnt, in Jesus den Prediger der Caritas zu sehen, als dass wir noch wahrzunehmen vermöchten, was er in Wahrheit ist: ein glühender Liebhaber, ein beherzter, leidenschaftlicher, fühlender, sinnlicher Mensch; ein Mensch, der berührt und bewegt; der keineswegs eine abstrakte Moral predigt, sondern zum konkreten, beherzten Handeln aufruft – einer, der die Menschen und Gott auf allen Ebenen des Lebens liebt: mit Körper, Herz und Verstand; mit Sinn und Sinnlichkeit.

>> **Jesus ist ein glühender Liebhaber, ein sinnlicher Mensch.**

Im Ernst: Ich meine, wir sollten einen frischen, von theologischen Vorurteilen ungetrübten Blick auf Jesus werfen und an ihm maßnehmen, wenn es uns darum zu tun ist, eine sinnliche, lebendige, leidenschaftliche Form des Christentums zu entdecken.

Drei Szenen, die das deutlich machen: Zunächst die sogenannte »Salbung zu Betanien« (Matthäus 26,6-13).

Jesus ist zu Gast im Hause seines Freundes Simon. Da tritt eine Frau zu ihm, die Jesus offenbar in großer Liebe zugetan ist, und salbt seine Füße mit kostbarem Öl. Die Jünger sind sauer und mäkeln, das Geld für das teure Öl hätte besser den Armen gegeben werden können. Und was sagt Jesus? »Was betrübt ihr die Frau? Sie hat ein gut' Werk an mir getan. Denn Arme habt ihr allezeit bei euch. Mich aber habt ihr nicht alle Zeit.« Was passiert hier?

Man kann diese Szene beschreiben als den Triumpf der Liebe über die Moral. Die Jünger sind moralisch. Sie wollen gute Menschen sein und das teure Geld lieber den Armen geben als in eine Wellness-Behandlung ihres Meisters investieren. Der aber sieht das anders. Denn er sieht mit den Augen des Herzens. Er ist in der Liebe – in der Liebe, die sinnlich-erotisch ist. Was sich daran zeigt, dass er ganz bei der Sache ist. Ganz im Hier und Jetzt, bei der Frau, die ihm in Liebe zugewandt ist. Er weiß: Jetzt ist diese konkrete Frau wichtig und nicht die abstrakten Armen der Jünger. Jetzt ereignet sich Liebe zwischen ihm und dieser Frau – und diese Liebe ist konkret, körperlich, sinnlich. Sie ist erotisch; nicht sexuell, aber erotisch. Erotisch reif, das heißt Körper, Kopf und Herz sind in dieser Liebe integriert. Sie ist präsent, ganz bei der Geliebten. Und aus

> **» Jesus ist ganz im Hier und Jetzt, bei der Frau, die ihm in Liebe zugewandt ist.**

ihr erwächst ein erotischer Handlungsimpuls, der viel stärker ist als die abstrakte Moral der Jünger.

Überhaupt ist es die Konkretion und Leidenschaft, die Jesu erotisches Handeln kennzeichnen. Zweite Szene: Die Vertreibung der Händler aus dem Tempel: »Und Jesus ging in den Tempel und fing an, die Verkäufer und Käufer im Tempel herauszutreiben; und die Tische der Geldwechsler und die Stände der Taubenhändler stieß er um und ließ nicht zu, dass jemand etwas durch den Tempel trage.« (Markus 11,15-17).

Wenn das nicht beherzt ist! So beherzt, wie nur ein in leidenschaftlicher Liebe glühendes Herz handeln kann. Wieder ist Jesu Liebesleidenschaft konkret. Er sieht etwas, das nicht geht. Und weit gefehlt, dass er freundlich mit den Händlern diskutieren würde, wird er in seinem heiligen Zorn handgreiflich. So sieht das ›Nein aus Liebe‹ aus, das einen erotischen Menschen beflügeln kann. Eros ist mitnichten rosaroter Friede-Freude-Eierkuchen. Er ist das unbedingte Ja zum Leben – zu Gott –, dem ein unbedingtes Nein zu allem Lebensfeindlichen entspricht.

> **» Eros ist das unbedingte Ja zum Leben – zu Gott.**

Letzte Szene: Jesu Abschiedsreden. Das Ende ist nahe und Jesus redet zu seinen Jüngern: »Ein neues Gebot gebe ich euch, dass ihr euch untereinander liebt, wie ich euch geliebt habe, damit auch ihr einander lieb habt.

Daran wird jedermann erkennen, dass ihr meine Jünger seid, wenn ihr Liebe untereinander habt.« (Johannes 13,34-45). Hier macht Jesus kein Geheimnis daraus, dass er seine Freunde und Begleiter liebt. Und dass er – ganz wie Lessing es sah – die Liebe untereinander zum Kennzeichen seiner Anhängerschaft macht. Damit war nicht eine abstrakte Solidarität oder mildtätige Barmherzigkeit gemeint, sondern eine tiefe Verbundenheit der Herzen – Sinn und Sinnlichkeit, Kopf und Herz, Geist und Gefühl.

> **» Jesus war ein erotischer Mensch, ein sinnlicher Mensch, ein leidenschaftlicher Mensch.**

Jesus, so will mir scheinen, war ein erotischer Mensch; ein sinnlicher Mensch; ein leidenschaftlicher Mensch. Er war nicht ein Lehrer der Moral, nicht ein Vorbild guten Willens, sondern von einer begeisterten, leidenschaftlichen Liebe zu Gott und Mensch. Ihm zu folgen – und was anderes ist Christsein als Nachfolge Jesu? – heißt dann aber: leidenschaftlich leben, sich hinreißen lassen von Gott und Menschen, sich im Herzen berühren lassen und aus dieser Berührung beherzt handeln. Es heißt, die Weisheit des Herzens zu kultivieren, ein Gefühl für das zu entwickeln, was in Gottes Schöpfung stimmt und was nicht stimmt. Es heißt, nicht auf das eigene Können und Leistungsvermögen, den eigenen Willen und unsere moralische Integrität zu bauen, sondern auf unsere Bereitschaft, uns anrühren zu lassen von dem, was

Not tut, — und verantwortlich auf den Anspruch des Lebens zu reagieren. Nachfolge Jesu wäre ein sinnlich-erotisches Projekt, ein Abenteuer, das mehr Hingabe und Mut erfordert als nüchternes Kalkül und morali-schen Gehorsam. Und die Aufgabe der Kirchen wäre es, Menschen zu diesem Abenteuer einzuladen, sie darin zu unterstützen und zu begleiten. Aber davon — davon sind sie weit entfernt.

Sinn und Geschmack fürs Unendliche

Warum uns das Fühlen Gott näher bringt

Vor gut zweihundert Jahren erschien eine theologische Schrift, die mir aktueller erscheint denn alles, was die heutige Theologie hervorzubringen weiß. Sie stammt aus der Feder des evangelischen Theologen Friedrich Schleiermacher. Und sie trägt den sensationellen Titel: »Reden über die Religion an die Gebildeten unter ihren Verächtern«.

Gleich zu Beginn seiner Abhandlung trägt der Autor darin einen Gedanken vor, den zu wiederholen noch immer Not tut. Denn er räumt mit einem Missverständnis über die Religion auf, das heute genauso ungebrochen das realexistierende Christentum beherrscht wie zu Beginn des 19. Jahrhunderts: dem Missverständnis, es sei Sache der Religion – ganz wie die Wissenschaft – wahre Aussagen über die Beschaffenheit der Welt zu formulieren; und – ganz wie die Moralphilosophie – ethische Normen und Werte zu deklarieren. Genau das, sagt Schleiermacher, ist Anmaßung. Denn wenn wir Religion richtig verstehen, dann würden wir Folgendes einsehen:

»Sie [die Religion] begehrt nicht, das Universum seiner Natur nach zu bestimmen und zu erklären wie die Metaphysik, sie begehrt nicht, aus Kraft der Freiheit und der göttlichen Willkür des Menschen es fortzubilden und fertig zu machen wie die Moral. Ihr Wesen ist weder Denken noch Handeln, sondern *Anschauung und Gefühl.* Anschauen will sie das Universum, in seinen eigenen Darstellungen und Handlungen will sie es andächtig belauschen, von seinen unmittelbaren Einflüssen will sie sich in kindlicher Passivität ergreifen und erfüllen lassen. So ist sie beiden in allem entgegengesetzt, was ihr Wesen ausmacht, und in allem, was ihre Wirkungen charakterisiert. [...] So behauptet sie ihr eigenes Gebiet und ihren eigenen Charakter nur dadurch, dass sie aus dem der Spekulation sowohl als aus dem der Praxis gänzlich herausgeht, und indem sie sich neben beide hinstellt, wird erst das gemeinschaftliche Feld vollkommen ausgefüllt, und die menschliche Natur von dieser Seite vollendet. Sie [die recht verstandene Religion] zeigt sich euch als das notwendige und unentbehrliche Dritte zu jenen beiden, als ihr natürliches Gegenstück.«

Jenseits von Wissenschaft und Moral

Was für eine Rede! Teilen Sie meine Begeisterung? – Noch nicht? – Gut, dann lassen Sie mich erklären, warum sie mich so begeistert. Vor allem deshalb, weil Schleiermacher hier in aller Präzision Dinge benennt, die zu der radikalen Krise des realexistierenden Christentums der Gegenwart geführt haben: sein Anspruch auf eine wissenschaftlich konkurrenzfähige Wahrheit einerseits und sein Anspruch auf moralisch-ethische Autorität andererseits. Und drittens – was das schlimmste ist – seine Vergessenheit für dasjenige, was sein eigentliches Kerngeschäft ist: Anschauung und Gefühl! Was hat es damit auf sich?

Mit seiner Dreiteilung von Wissenschaft, Moral und Gefühl nimmt Schleiermacher Bezug auf Immanuel Kant und dessen Dreigliederung der geistigen Welt in die Bereiche von theoretischer Erkenntnis, praktischem Handeln und ästhetischem Urteilen, denen er seine drei bedeutendsten Abhandlungen widmete. In deren erster, der »Kritik der reinen Vernunft«, hatte Kant gezeigt, dass es eine wissenschaftliche Erkenntnis von so schönen Dingen wie Gott, Freiheit und Unsterblichkeit nicht geben könne – alles Themen, an denen sich die theologische Wissenschaft bis dato abgearbeitet hatte. Dem stimmt Schleiermacher zu, und es gibt wohl heute – außer in ein paar fundamentalistisch geprägten Kreisen – niemanden mehr, der sich dafür stark machen wollte, Gott nach den Standards wissenschaftlicher Arbeit erkennen oder gar beweisen zu können. Trotzdem haben Christen – etwa in ihrer Ablehnung der Darwinschen Evolutionstheorie – über lange Jahre an dem Anspruch festgehalten, über ein Wissen und über Erkenntnisse zu verfügen, die »das Universum seiner Natur nach zu bestimmen und zu erklären« vermöchten und folglich mit den Naturwissenschaften konkurrieren zu müssen. Erst als die Erklärungskraft der Wissenschaft so überwältigend wurde, dass sich biblisch begründete Alternativlesarten nicht mehr halten ließen, hat die kirchliche Lehrmeinung eingelenkt – freilich mit dem Ergebnis, dass sie sich inzwischen so stark mit dem herrschenden wissenschaftlichen Paradigma identifiziert hat, dass Weltanschauungsbeauftragte und Inquisitoren alles als unchristlich, heidnisch und esoterisch diffamieren, was nicht in dieses Paradigma passt. Auf diese Weise also erheben Kirchen noch immer den Anspruch, Hüter und Wächter eines Wissens über die Welt zu sein.

» Kirchen erheben noch immer den Anspruch, Hüter und Wächter eines Wissens über die Welt zu sein.

Was ihnen aber in dem Maße auf die Füße fällt und künftig noch stärker fallen wird, in dem sich die Wissenschaft auf ein neues Paradigma zubewegt und die Theologie dieser Entwicklung nicht Schritt zu halten vermag; und genau das geschieht derzeit mit rasanter Geschwindigkeit. Mit der Folge, dass Kirche und Theologie – wie schon zu Zeiten der Renaissance – als Bremser und Bewahrer dastehen, als Bedenkenträger und Sachwalter des Schwindenden; und damit den Respekt und Kredit derer verlieren, die mit der Zeit zu gehen gewillt sind. – Und warum? Einfach nur deshalb, weil sie noch immer meinen, den

Anspruch auf wahres Wissen über die Welt aufrecht erhalten zu müssen.

Ginge es nach Schleiermacher, dann könnten sie sich entspannen und diese Ansprüche einfach aufgeben. Dann könnten sich Christen einfach darauf beschränken, eine liebende Anschauung und ein tiefes Gefühl für die Wunder der Welt auszubilden und deren wissenschaftliche Durchdringung den dafür berufenen Profis zu überlassen. Dann würden sie sich von deren Erkenntnissen immer aufs Neue inspirieren lassen, um noch tiefer in die Geheimnisse des von ihnen geliebten und gefühlten Universums einzudringen.

Ich möchte hier nicht missverstanden werden. Natürlich wird man den christlichen Kirchen im Großen und Ganzen einräumen müssen, dass sie ihre Ansprüche auf wissenschaftliche Wahrheit weitgehend zurückgefahren haben. Zumindest betrachten sie sich nicht mehr als Konkurrenten zum wissenschaftlichen Mainstream – eher eben als dessen (ungefragte) Bundesgenossen im Kampf gegen Neuerer und Avantgardisten; was angesichts so mancher Esoterik-Exzesse teilweise auch angebracht ist, nur häufig dazu führt, sich in pauschaler Ablehnung gegen alles zu gefallen, was nicht ins eigene Weltbild passt.

Umso mehr aber haben sie sich in dem anderen Feld des menschlichen Geistes eingenistet, dem sie laut Schleiermacher lieber fern bleiben sollten: dem der Moral. Ja, es scheint geradezu so, dass die Kirchen und ihre

Theologen sich in dem Maße der Moral verschrieben haben, in dem sie ihre wissenschaftlichen Wahrheitsansprüche aufgeben mussten. Gewiss war diese Tendenz schon durch die Philosophen der Aufklärung vorbereitet, die vom Christentum als »Religion innerhalb der Grenzen der bloßen Vernunft« bestenfalls eine moralische Erbauungsanleitung in halbmythischer Gewandung übrig ließen. Zu ihrer jüngsten Blüte aber kam sie erst nach dem Zweiten Weltkrieg: als die Kirchen einsehen mussten, während der Nazi-Zeit gerade in moralischen Belangen versagt zu haben.

Moralincocktail in Hochpotenz

Mit dieser Einsicht begann die große Stunde der zeitgenössischen Moralisierung des Christentums, das nun beinahe nur noch aus Moral zu bestehen schien. Egal ob katholisch oder evangelisch: Bischöfe und Theologen gefallen sich heute vor allem in der Rolle moralischer Autoritäten, bevölkern Ethikkommissionen und treffen sich regelmäßig im Nationalen Ethikrat. Zwar scheint die Hochphase dieser Tendenz seit einigen Jahren vorüber, aber noch immer begeistern sich viele Gefolgsleute des realexistierenden Christen-

>> **Bischöfe und Theologen gefallen sich heute vor allem in der Rolle moralischer Autoritäten.**

tums für Schlagwörter wie »Gerechtigkeit, Frieden und Bewahrung der Schöpfung« oder die »Option für die Armen«. Und die katholische Kirche scheint zuweilen ihr Kerngeschäft nur noch darin zu erkennen, für den Schutz des ungeborenen Lebens einzutreten, über den Gebrauch von Kondomen zu diskutieren und Schwangerschaftsabbrüche zu verurteilen. Vereint sind die christlichen Heerscharen nicht etwa dann, wenn es darum geht, sich am »Tisch des Herrn« zum Abendmahl zu versammeln, sondern wenn sie Seit' an Seit' gegen PID und Sterbehilfe fechten oder Harz IV und die Gier der Mächtigen geißeln. Was alles sicher nicht verkehrt ist – zumal in einer Gesellschaft, in der es sonst an moralischen Autoritäten mangelt –, aber mittelfristig doch dazu geführt

» Kirchliche Voten und Predigten klingen, als kämen sie aus dem Kopf und nicht von Herzen.

hat, dass kirchliche Verlautbarungen und Predigten oft so moralinsauer sind, dass zumindest mir dabei ganz schwindlig wird; was, wohlgemerkt, nicht daran liegt, dass ich etwas gegen moralische Orientierung einzuwenden hätte, sondern daher rührt, dass kirchliche Voten und Predigten in meiner Wahrnehmung immer so gewollt aber nicht gefühlt daher kommen; weil sie so klingen, als rührten sie her aus Ideologie und Dogmatik – als kämen sie aus dem Kopf und nicht von Herzen. Da frage ich mich: Warum? – und die beste Antwort, die ich finde, lautet: Weil sie nicht grundiert und verwurzelt sind in einer Spiritualität des Herzens, die sich Gott mit Sinn und Sinnlichkeit zuwendet; weil sie nur gedacht und nicht auch gefühlt sind.

Und eben das scheint mir auch der Grund dafür zu sein, warum diese umfassende Moralisierung des Christentums den Kirchen heute auf die Füße fällt. Zu oberflächlich (das meine ich mit »moralinsauer«) kommt das moralische Engagement daher, wenn nicht ein leidenschaftliches Herz dahinter spürbar ist. Zu wenig beherzt, zu wenig liebevoll. Da ist mir zu wenig Jesus oder Franziskus und zu viel Lehramt und Verlautbarung. »Zuviel Gerede von der Liebe, zu wenig wirkliches Gefühl«, wie Udo Jürgens einst sang. Und das erklärt dann wohl auch, warum sich in jüngster Zeit die Fälle häuften, bei denen die wortgewaltigen Sachwalter der Moral an ihren eigenen Ansprüchen scheiterten. Denken Sie nur an die Missbrauchsskandale der katholischen Kirche: Priester und Mönche, die an ihrer selbst auferlegten sexuellen Askese zerbrechen; evangelikale TVangelists, die in ihren Predigten Homosexualität und Pädophilie geißeln und am Ende des Tages kleinlaut ihr Schwulsein bekennen; oder eine Bischöfin namens Margot Käßmann, die wie

>> **Zu oberflächlich kommt das moralische Engagement daher, wenn nicht ein leidenschaftliches Herz dahinter spürbar ist.**

wenige andere die Moralisierung des Protestantismus verinnerlicht hat und dann ausgerechnet als Ratsvorsitzende der Evangelischen Kirche alkoholisiert über eine rote Ampel fährt. Wobei bemerkenswert ist, dass diese Virtuosin der Moral ihren Fehltritt in einer grandiosen Quadratur des Kreises zur moralischen Höchstleistung umzudeuten wusste, indem sie das Eingeständnis der moralischen Fehlbarkeit zur höchsten moralischen Tugend eines Christenmenschen erklärte. Sensationell – sensationell aber verhängnisvoll. Denn so wird der Moralincocktail nur zu noch höherer Potenz verrührt – und die unselige Liaison von Kirche und Moral weiter zementiert.

Aber das, so scheint mir, beglückt nur diejenigen, die bereits vollständig von dieser Denke infiziert sind – während sich die große Mehrheit der Menschen in unseren Breiten mehr und mehr vom realexistierenden Christentum abwendet. Dramatisch ist die Erosion des Vertrauens in die Kirchen, die sich seit dem Jahr 2009 in Deutschland zugetragen hat. So teilte Anfang 2011 das Institut für Demoskopie Allensbach mit, das Ansehen von Geistlichen habe in Deutschland erheblich gelitten. Bei einer Umfrage zur Vertrauenswürdigkeit von Berufssparten hätten Theologen zuletzt nur noch den achten Platz belegt. Vor wenigen Jahren seien sie noch an zweiter Stelle genannt worden. Die Folge: anschwellende Austrittswellen. Im katholischen Bereich um 40 Prozent in Deutschland, um 60 Prozent in Österreich und der Schweiz (zwischen 2009 und 2011).

Die Frömmigkeit des Nichtwissens

Was ich damit sagen will? Sie wissen es bereits: Die Moralisierung des Christentums muss ein Ende finden. Re-Erotisierung, statt Moralisierung – das ist meine Devise. Und dafür möchte ich werben. Und dafür rufe ich Schleiermacher in den Zeugenstand. Der sprach freilich nicht von »Erotisierung«, sondern von einer Wiederentdeckung des Gefühls als tragendes Fundament der Religion – von einer Wertschätzung der Sinnlichkeit als ihr Herz und Fundament. Und eben dafür fand er eine Formulierung, die man nicht oft genug wiederholen kann: »Religion«, sagt er, »ist Sinn und Geschmack fürs Unendliche« – ein »Grundgefühl der unendlichen und lebendigen Natur« beziehungsweise, wie er in seiner *Glaubenslehre* formuliert, ein »Gefühl der schlechthinnigen Abhängigkeit von Gott«. Alles Wendungen, die eines zum Ausdruck bringen sollen: Recht verstandene Religion ist Gefühl, liebende Hinwendung zu dem, was ist; ein Sich-einstimmen auf das Leben, das uns geschenkt ist und dem wir geschenkt sind. Ohne unser Zutun – was Schleiermacher meint, wenn er vom »Gefühl schlechthinniger Abhängigkeit« spricht. Denn damit meint er nicht das

> **» Die Moralisierung des Christentums muss ein Ende finden. Re-Erotisierung, statt Moralisierung – das ist die Devise.**

Unterworfensein unter die Fuchtel eines zürnenden, alttestamentlichen Patriarchen, sondern das Bewusstsein dafür, Teil eines größeren Seins zu sein, das wir nicht gemacht haben und dem wir uns gerade deshalb in liebender Hingabe zuwenden dürfen – fühlend und anschauend, passiv und empfänglich, dankbar und begeistert.

Denn nur so, sagt Schleiermacher, erschließen wir die Wirklichkeit Gottes. Nur so entgehen wir der Versuchung, ihn zum fassbaren Gegenstand unseres Denkens zu machen – sei es, indem wir ihn unserer Wissenschaft unterwerfen, sei es, indem wir ihn zum obersten moralischen Gesetzgeber deklarieren. Beides sind am Ende nur Strategien, Gott von uns fernzuhalten, den Unendlichen endlich und das Unfassbare fasslich zu machen. Was aber – wenn wir Schleiermacher folgen – nun gerade nicht fromm ist, sondern das Gegenteil jeder echten Frömmigkeit, nämlich Hybris.

Das hatte übrigens schon Platon gelehrt, der seinen Sokrates einmal im Gespräch mit dem Athener Religionsexperten Euthyphron in Szene setzt, wobei sich rasch herausstellt, dass der Profi-Priester zwar groß darin ist, Wissen über das Göttliche zu beanspruchen, sich aber gerade darin in seinem selbstgefälligen Hochmut verrät. Während Sokrates keinerlei Wahrheitsansprüche erhebt, sondern sich mit demjenigen bescheidet, was der Philosoph Hans-Georg Gadamer mit der wunderbaren Formel einer »Frömmigkeit des Nichtwissens« bezeichnet hat. Und tatsächlich: Diese Haltung der Frömmigkeit des Nichtwissens kehrt bei Schleiermacher – der übrigens als erster das ganze Platonische Oeuvre ins Deutsche übersetzte – zurück, verbunden mit dem für sein romantisches Umfeld gebräuchlichen Begriff des Gefühls. Wobei wir uns – bei Schleiermacher nicht anders als bei den anderen großen Protagonisten der Romantik – unbedingt davon frei machen müssen, bei Gefühl an Gefühlsduselei und Sentimentalität zu denken. Das ist nicht, worum es den Romantikern ging, auch wenn es ihnen oft unterstellt wird.

Nein, was Schleiermacher umtreibt, ist die schon von Kant und Schiller vorbereitete Erkenntnis, dass uns das wache, anschauende Gefühl nicht mehr und nicht weniger als Wahrheit erschließt; und zwar eine tiefere Wahrheit, als das, was die empirisch-rationale Wissenschaft zu begreifen vermag. Denn während diese sich an der Oberfläche der Phänomene abarbeitet, sie vermisst und berechnet, taucht das Gefühl in die hinter aller Messbarkeit und Berechenbarkeit verborgene Tiefe des Lebens. Fühlend und liebevoll anschauend erschließen wir diejenige Dimension, die man einst die Seele nannte. Und zwar in allem was ist – in der lebendigen Natur, in den Tiefen des Universums und in den Tiefen des eigenen individuellen,

» Religion ereignet sich mitten in der Welt, der sie sich mit offenem, liebendem Herzen zuwendet.

menschlichen Seins. Deswegen Schleiermachers Verbindung von Anschauung und Gefühl. Es geht ihm nicht um Selbstbespiegelung und Verklärung der eigenen Emotionen. Religion bedeutet ihm nicht mystische Versenkung in den Abgründen der eigenen Psyche – sondern sie ereignet sich mitten in der Welt, der sie sich mit offenem, liebendem Herzen zuwendet; sie anschaut, um in allem was ist, hinter der Oberfläche die Allgegenwart des Unendlichen, Göttlichen, Sinnvollen, Liebenswerten zu erfühlen, zu schmecken, mit Sinn und Sinnlichkeit zu empfangen. Verliebt in Gott, die Welt und die Menschen.

Uns Kindern des 21. Jahrhunderts geht das nicht leicht ein. Und die Geschichte scheint ihr unerbittliches Urteil über Schleiermachers »Sinn und Geschmack fürs Unendliche« gesprochen zu haben, denn an den evangelisch-theologischen Fakultäten wird unter dem unseligen Einfluss des moralaffinen Barthianismus (der Lehre des Schweizer Theologen Karl Barth) kaum mehr über Schleiermacher gesprochen. Eine Theologie des Gefühls klingt unseren so sehr aufs Machen und Wissen versessenen Ohren fremd und anstößig. So sehr hat uns die Kopflastigkeit des realexistierenden Christentums benebelt, dass uns eine Spiritualität des Herzens allenfalls als kitschiger Nachklang untergegangener Epochen vorstellbar erscheint. Ja, selbst da, wo sich heute eine neue, meist von östlichen Weisheitswegen inspirierte Hinwendung zur Mystik abzeichnet, steht das Gefühl nicht hoch im Kurs. Wer sich zum Zen-Seshin zurückzieht oder in die Praxis der christlichen Kontemplation einweisen lässt, wird in der Regel dazu angehalten, mit allen Gedanken auch alle Gefühle fahren zu lassen, um so in den stillen Hafen reiner Geistigkeit einzulaufen. Leidenschaft und Sinnlichkeit, Gefühl und Anschauung des Universums sind dabei nicht vorgesehen – ebenso wenig wie Erotik und Liebeslust. Statt ihrer stellen die Meister der Mystik ihren Adepten oft eine leidenschaftslose Liebe des achtsamen Mitgefühls oder der emotionslosen Agape in Aussicht, die sich aus der Erfahrung des mystischen Einsseins mit Gott unterschiedslos aus der Seele verströmt, ohne dabei für Menschen und Dinge entbrennen oder gar vergehen zu müssen. Nicht zufällig war es gerade die Freiheit vom leidenschaftlichen Lebensdurst, die der Buddha den Seinen in Aussicht stellte.

Auch hier: Verstehen Sie mich nicht falsch! Ich habe nichts gegen eine östlich inspirierte Mystik der geistigen Leere und Freiheit, der Leidenschaftslosigkeit und seligen Ruhe. Im Gegenteil: Ich finde sie großartig und liebenswert. Aber sie bleibt für mich am Ende dann doch ein Weg, den man erst dann gehen sollte, wenn man zuvor den Schleiermacherschen Weg von Sinn und Geschmack für das Unendliche gegangen ist; wenn man Gott zu fühlen und zu schmecken und ihn in der bunten Mannigfaltigkeit dieser Welt zu lieben gelernt hat. Denn

» Es ist diese Welt in ihrer Vielgestaltigkeit, in der sich unser Leben ereignet.

es ist ja nun einmal diese Welt in ihrer Vielgestaltigkeit, in der sich unser Leben ereignet. Und es hat ja nun einmal allem Anschein nach dem Unendlichen gefallen, sich in Gestalt endlicher Individuen zu manifestieren, in denen es sich fühlen und erleben will. Wer wollte ihm das verweigern? Wer wollte sich ihm entziehen durch lebenslangen Rückzug aus dem Leben in die Stille meditativer Versenkung?

Also: Sinn und Geschmack fürs Unendliche, Gefühl für Gott, leidenschaftliche Hingabe ans Leben, Mystik des Diesseits. Das wäre für mich der goldene, mittlere Weg einer christlichen Spiritualität der Zukunft, die weder den Versuchungen von Dogmatik und Moralisierung anheimfällt, noch der Versuchung einer mystischen Weltflucht. Das wären Kennzeichen eines spirituellen Weges, der Gott inmitten des Lebens sucht – inmitten der Mannigfaltigkeit seiner Erscheinungen und Manifestationen; und das, ohne an deren Oberfläche hängenzubleiben, sondern durch ein Erschließen der Tiefendimension alles Seienden: der Dimension, die wir nicht ermessen und berechnen, sondern nur erfühlen und schmecken können – die Dimension, in der wir Gott inmitten seiner Schöpfung begegnen können.

Die Dimension der Tiefe

Paul Tillich, der große Theologe der Nachkriegszeit, hat in einem denkwürdigen Essay aus dem Jahr 1958 die von ihm schon damals in aller Klarheit gesehene Krise des realexistierenden Christentums wie folgt beschrieben: »Das entscheidende Element in der gegenwärtigen Situation des westlichen Menschen ist der Verlust der Dimension der Tiefe. ›Dimension der Tiefe‹ ist eine räumliche Metapher – was bedeutet sie, wenn man sie auf das geistige Leben des Menschen anwendet und sagt, dass sie ihm verloren gegangen sei? Es bedeutet, dass der Mensch die Antwort auf die Frage nach dem Sinn seines Lebens verloren hat, die Frage danach, woher er kommt, wohin er geht, was er tun und was er aus sich machen solle in der kurzen Spanne zwischen Geburt und Tod. Diese Fragen finden keine Antwort mehr, ja, sie werden nicht einmal mehr gestellt, wenn die Dimension der Tiefe verlorengegangen ist.« Und Tillich fährt fort: »Ich will die Dimension der Tiefe im Menschen als seine ›religiöse Dimension‹ bezeichnen. Religiös sein bedeutet, leidenschaftlich nach dem Sinn unseres Daseins zu fragen und für Antworten offen sein, auch wenn sie uns tief erschüttern.« Und er schließt diesen Abschnitt mit dem bemerkenswerten Satz: »Religion in ihrem wahren Wesen ist [...] das Sein des Menschen, sofern es ihm um den Sinn seines Lebens und des Daseins überhaupt geht.«

» Die Dimension der Tiefe, die religiöse Dimension ist uns modernen Menschen verloren gegangen.

Und genau das, sagt Tillich, ist uns modernen Menschen verloren gegangen. Die Dimension der Tiefe, die religiöse Dimension ist uns verschlossen – und zwar in dem Maße, in dem wir unser ganzes Können und Wissen darauf richten, uns und die Welt verfügbar zu machen. Wir sind fixiert auf Äußerlichkeiten, formen die Natur und unsere Körper, unser Leben und unsere Wirtschaft nach unseren Bildern und Idealen, unterwerfen alles unserem Streben nach Sicherheit und Wohlstand – und bewegen uns dabei mit rastloser Dynamik an der Benutzeroberfläche des Lebens; bis die Akkus leer sind und der Brennstoff aufgezehrt ist. Burnout statt Sinn und Geschmack für das Unendliche. Was für eine Tragödie!

» Aber der Mensch kann nicht erfahren, was Tiefe ist, ohne sich selbst zu besinnen.

»Aber der Mensch kann nicht erfahren, was Tiefe ist, ohne stille zu stehen und sich auf sich selbst zu besinnen«, sagt Tillich. »... ohne sich und die Welt zu fühlen und zu schmecken«, möchte ich im Geiste Schleiermachers ergänzen. Weil ich mit ihm davon überzeugt bin, dass Sinn und Geschmack, Gefühl und Erotik, Anschauung und Hingabe die einzigen Wege sind, die uns wirklich in die Tiefe zu führen vermögen: in die Tiefe unserer eigenen Seele ebenso wie in die Tiefe der beseelten Welt, der wir überantwortet sind. Und zwar, weil ich aus eigener Erfahrung weiß, dass sich Gott tatsächlich eher einem offenen Herzen erschließt als einem berechnenden Verstand. Und weil es neuerdings sogar wissenschaftliche

Erkenntnisse gibt, die mich in dieser Erfahrung bestätigen.

Die Rehabilitation des Gefühls

»Leben als solches ist bereits Gefühl, und das Bewusstsein spiegelt dieses fühlende Leben wider«, schreibt der Philosoph und Biologe Andreas Weber in seinem großartigen Buch *Alles fühlt* – einer Art Kompendium dessen, was er die »Revolution der Lebenswissenschaften« nennt. Was seine Einsichten für unseren Zusammenhang so wichtig macht, ist allem voran die heute immer mehr Zustimmung findende These, dass alles Lebendige sich selbst und die Welt durch das Fühlen erschließt. Fühlen ist so gesehen mitnichten ein subjektiv-schwülstiges Kreisen um eigene Befindlichkeiten, sondern die Grundform jeglichen Bewusstseins – das Bindeglied gleichsam, zwischen Körper und Geist: die Sprache, mit der sich der Körper zu Bewusstsein bringt – mit der er sich mitteilt und zum Ausdruck bringt, in welcher Stimmung er sich befindet: ob er mit sich und der Welt im Einklang oder im Missklang ist; ob er harmonisch gestimmt ist oder disharmonisch; ob es ihm gut geht oder nicht. Und weil unser Fühlen mit unbeirrbarer Präzision Maß nimmt daran, wie ein stimmiges, sinnvolles, harmonisches, glückliches Leben schwingt und klingt,

> **» Fühlen ist die Grundform jeglichen Bewusstseins.**

weist es uns zielsicher den Weg in die Dimension der Tiefe – dorthin, wo sich Sinn und Wahrheit erschließen – *die religiöse Dimension*, wie Tillich sagte. Womit denn auch begreifbar wäre, warum Sinn und Sinnlichkeit gar nicht voneinander zu trennen sind, sondern zwei Aspekte des gleichen zutiefst religiös-spirituellen Ereignisses: des Sich-Erlebens in einer Welt, die sinnvoll ist; des Ja-sagen-Könnens zu sich und der Welt; des Sich-aufgehoben-Wissens im Unendlichen; des Sich-geborgen-Fühlens in Gott.

Und all das lässt sich eben nicht rational oder kognitiv erdenken, wohl aber sinnlich schmecken, fühlen und lieben. Deshalb: Sinn und Geschmack fürs Unendliche, erotische Hinwendung zu Gott, Neubesinnung auf die Liebe als das Herz der christlichen Religion. Denn, um noch einmal Schleiermacher zu zitieren: »Um die Welt anzuschauen und um Religion zu haben, muss der Mensch erst die Menschheit gefunden haben, und er findet sie nur in Liebe und durch Liebe.«

Integrale Spiritualität

Sehen Sie mir bitte nach, dass ich zum Ende dieses Abschnitts noch einmal vor möglichen Missverständnissen warnen will. Mir ist nämlich äußerst wichtig, nicht als einer dazustehen, der gegen Intellekt und Ratio wettern will. Ebenso wenig gegen Dogmatik, Moral und Jenseits-Mystik. Nein, ich will nichts von alledem schlecht reden. Mir geht es einzig darum, all diesen wundervollen Facetten des menschlichen Geistes das rechte Gewicht im Ganzen der Religion zu geben. Um sie dann in einem umfassenden Verständnis des Christentums im Besonderen und der Religion im Allgemeinen zu einem stimmigen Ganzen zu integrieren. Und dabei kommt nun einmal heraus, dass Sinn und Geschmack, Gefühl und Eros, nachdem sie gar zu lange diffamiert wurden, dringend eine neue Wertschätzung erfahren müssen. Weil sie die Dimension der Tiefe erschließen, Gott und Mensch vermitteln, ein kraftvolles und beherztes Handeln beflügeln, die Wirklichkeit Gottes in Gestalt der Liebe erfahrbar machen. Doch bevor ich im Schlussteil dieses Essays dazu übergehe, Vorschläge zu unterbreiten, wie sich all das in einer zeitgemäßen Spiritualität – wie man heute so schön sagt – operationalisieren lässt, möchte ich es nicht versäumen, Ihnen nahezubringen, wie ich mir diese integrale Spiritualität denke, in der Ratio und Intellekt ebenso sein dürfen wie Körper und Gefühl, Mystik und Erotik.

Ich möchte dafür anknüpfen an die von Tillich übernommene Metapher von Oberfläche und Tiefe. Oberfläche und Tiefe sind zwei mögliche Perspektiven auf einen dreidimensionalen Körper. Tiefe bezeichnet die dritte Dimension, die räumliche Ausdehnung, während Fläche

»Sinn und Geschmack, Gefühl und Eros müssen dringend eine neue Wertschätzung erfahren.

die zweite Dimension benennt. Darüber hinaus aber kennt die Geometrie zwei weitere Dimensionen: Die Linie als einfache Erstreckung zwischen zwei Punkten markiert die erste Dimension, und der Raum, der den Würfel umschließt und ihm allererst eine Bleibe schafft, gilt als vierte Dimension der klassischen Geometrie. Um einen Würfel als räumlich ausgedehntes Seiendes angemessen zu beschreiben, müssen wir nach geometrischer Lehre alle vier Dimensionen gleichermaßen in den Blick nehmen.

Und nun lassen Sie uns dieses Bild anwenden, um die Mehrdimensionalität unseres menschlichen Daseins – unser Hin und Her zwischen Oberfläche und Tiefe, unser Ausgespanntsein zwischen nackter Körperlichkeit und sublimer Geistigkeit – in den Blick zu nehmen. Mein Vorschlag ist folgender: Um diese Mehrdimensionalität unseres Daseins recht zu verstehen, stellen wir uns unser Bewusstsein – also die Art und Weise, wie wir Menschen uns selbst und die Welt gewahren und verstehen – in Analogie zu einem Würfel vor.

Der über Tiefe verfügende, dreidimensionale Würfel steht dabei für die komplexe Wirklichkeit unserer selbst als individuelle Wesen. Tiefe meint dann ein umfassendes Bewusstsein: ein Bewusstsein unserer selbst, in dem sich das seiende Wesen *individueller Mensch* seiner selbst wirklich durchsichtig und bewusst ist. Im Unterschied zum zweidimensionalen *Egobewusstsein* der Oberfläche nenne ich diese umfassende Transparenz des eigenen Daseins das *Seelenbewusstsein* – Bewusstsein von Seele:

dem, was wir in der Tiefe sind; dem, was die religiöse Dimension in uns ausmacht, weil in ihr das Göttliche eine Gestalt angenommen hat. Denn das Göttliche (oder Gott) ist in meinem Bild durch den umfassenden Raum, also die vierte Dimension, veranschaulicht, die unseren Würfel umfasst und zur Gänze durchdringt – den unbestimmten, grenzenlosen, unendlichen Raum, dem es gleichwohl gefallen hat, sich in die Individualität eines besonderen, endlichen Würfels – einer Seele – zu verdichten. Wofür er freilich Gebrauch machen musste – ich bleibe im Bild – von Linien und Punkten, aus denen allein sich der Würfel einer Seele generieren lässt.

Ohne die erste Dimension keine zweite und keine dritte. So einfach ist es. Und deshalb entspricht die erste Dimension (Linie und Punkt) in meinem Bild der grundlegenden, basalen Dimension unseres Daseins: dem Körper. Weshalb ich das Bewusstsein der ersten Dimension das *Körperbewusstsein* nenne. Friedrich Nietzsche hatte eine klare Wahrnehmung davon, als er einmal formulierte: »Körper bist du ganz und gar«. In der Dimension des Körperbewusstseins halten wir uns immer dann, wenn wir uns ganz mit unserem Körper identifizieren, uns nur als Körper wahrnehmen. Langstreckenläufer kennen das, ebenso aber auch Wellness-Liebhaber, die wissen, wie schön es sich anfühlt, ganz und gar Körper zu sein. Es kann sich aber auch gar nicht schön anfühlen – dann nämlich, wenn Schmerzen unser Bewusstsein so ausfüllen, dass nichts anderes mehr darin Platz hat als die Qualen des Körpers.

Das Bewusstsein der vierten Dimension – also des unendlichen Raumes – nenne ich dagegen das *Gottes-bewusstsein*. Denn es gehört ja zu den Wundern unseres menschlichen Geistes, dass wir tatsächlich ein Bewusstsein von dem erlangen können, was jenseits der Grenzen unseres eigenen, individuellen dreidimensionalen Seins liegt.

Dieses Bewusstsein ist es, von dem die Mystiker und spirituellen Lehrer aller Kulturen und Zeiten berichten, wenn sie von der mystischen Erfahrung des Eins-Seins mit Gott künden: des Eins-Seins mit allem, des reinen, nackten Seins, in dem jede Unterscheidung (Dualität) aufgehoben ist in der Erfahrung einer reinen, umfassenden Präsenz. Davon erzählt die Mystik in tausenderlei Variationen – und es ist das erklärte Ziel einer jeden mystisch geprägten Spiritualität, uns Menschen so dauerhaft und nachhaltig wie möglich in dieser Dimension des Gottesbewusstseins zu halten.

>> **Es gehört zu den Wundern des menschlichen Geistes, dass wir ein Bewusstsein von dem erlangen können, was jenseits der Grenzen unseres eigenen, individuellen dreidimensionalen Seins liegt.**

Doch nehmen die mystischen Schulen dafür, wie gesagt, oft in Kauf, dem Leben aus dem Weg zu gehen: Erotik und Leidenschaft preiszugeben. Eben das scheint mir aber total kontraproduktiv, wo wir nach Auswegen aus der radikalen Krise des Christentums suchen. Denn dieser Ausweg soll uns ja mit der Wurzel dieser Religion verbinden, die gleichzeitig Quelle und Zentrum eines glücklichen, kraftvollen Lebens in der Nachfolge Jesu ist: mit der Liebe, die sich nirgends anders bewähren und entfalten kann als mitten in diesem fragilen menschlichen Leben, das aus Körper, Ego, Seele und Geist gemischt ist. Was wir brauchen ist deshalb eine umfassende Spiritualität: eine, die in der Tiefe der eigenen Lebendigkeit – in der Seele, im Herzen – verortet ist; in der religiösen Dimension, von der Tillich sprach; im Reich des Eros, der den Menschen mit sinnlicher Sehnsucht beflügelt.

» Authentische, kraftvolle Spiritualität muss in der Lage sein, uns in die Tiefe zu führen.

Authentische, kraftvolle Spiritualität muss eines leisten. Sie muss in der Lage sein, uns in die Tiefe zu führen. Wie geht das? Um diese Frage zu beantworten, lassen Sie mich zurückkommen auf das Bild des Würfels. Wenn wir ihm folgen, dann können wir leicht sehen, wo echte Spiritualität ihren Anfang nimmt; von wo sie aufbricht; was sie aufbricht. Wenn wir einen Würfel in Augenschein nehmen, dann sehen wir zunächst seine

Flächen. Fläche ist das Bild für dasjenige, was ich *Ego-bewusstsein* nenne. Damit meine ich etwa das, was der Philosoph Martin Heidegger als die Alltäglichkeit des Daseins beschrieb, die geprägt ist vom Gerede und der »Herrschaft des Man«. Es ist die Ansicht, von der wir *meinen*, dass *man* sie von uns haben soll; sie ist das Bild, das wir von uns haben. So wie die Fläche die Ansicht eines Würfels ist, so ist das Ich die Ansicht, die wir unserem Dasein geben wollen: das Ansehen, das wir genießen wollen – und mit dem wir uns deshalb willentlich identifizieren. Die eigentlich treibende Kraft des Egobewusstseins ist folglich der Wille, wie Friedrich Nietzsche in einmaliger Klarheit erkannte. Nach Maßgabe unseres Willens bilden wir unsere Meinungen und Urteile: moralische wie ästhetische. Aus diesen Urteilen und Meinungen wiederum fügt sich im Egobewusstsein unser Selbstverständnis. Mit ihnen identifizieren wir uns. Sie sind Teil unserer Habe – und unsere Habe ist es, durch die wir uns im Egobewusstsein definieren. Doch diese Habe ist immer gefährdet. Als Egos fürchten wir uns deshalb vor Veränderung, denn jeder Wandel des Lebens könnte dazu führen, dass wir unserer Habe und Identität beraubt gehen. Angst umwölkt mithin das Ego-bewusstsein – immer und überall. Und deshalb lieben vom Egobewusstsein durchdrungene Menschen die ihnen vertrauten Traditionen. Deshalb neigen sie zum Konformismus und bekämpfen alles, was sie in Unruhe versetzen könnte. Deshalb schafft sich eine vom Ego-bewusstsein grundierte Kirche Dogmen und Bekenntnisse, mit denen sie sich vollkommen identifiziert und die sie mit Blut und Schwert verteidigt. Deshalb erfindet sie sich eine Heilige Inquisition und eine Zentralstelle für Weltanschauungsfragen. Und deshalb propagiert sie mit Vorliebe eherne ethische Normen und moralische Standards, die allem Tun und Lassen ihrer Angehörigen Stabilität und Berechenbarkeit verheißen. Deshalb deformiert sie Liebe zur moralischen Norm, um so dem der Liebe eigenen subversiv-revolutionären Potenzial des sinnlich-leidenschaftlichen Eros zu entkommen. Und so bringt sie sich um die Chance, ihren eigentlichen Auftrag zu erfüllen: Menschen in die Tiefe zu führen; Menschen erotisch zu beflügeln, so dass sie sich auf die religiöse Dimension einlassen können; Menschen dabei zu unterstützen, mit ihrer und der Welt Seele in Berührung zu kommen und Sinn und Geschmack für das Unendliche auszubilden.

>> **Das real-existierende Christentum ist eine Religion des Ichs – eine Religion ängstlicher Egos.**

Das Drama ist damit benannt: Das realexistierende Christentum ist eine Religion des Ichs – eine Religion ängstlicher Egos. Und seine Geistlichen betreiben gar zu oft *Egosorge* statt *Seelsorge*. Aber gerade letztere täte so sehr Not: um der brennenden Sehnsucht der Menschen zu begegnen – ihrer Sehnsucht nach Tiefe, nach Sinn, nach Heimat in sich, in der Welt und in Gott. Der von Tillich diagnostizierte Verlust der Dimension der Tiefe ist die Signatur der Krise der Kirchen. Und diese Krise kann nur überwunden werden, wenn wir die Tiefe wiedergewinnen: durch eine sinnliche, leidenschaftliche, erotisch-liebende und fühlende Spiritualität – eine Spiritualität der Seele statt einer moralisch-dogmatischen Religion des Ego.

Gott in der Seele berühren

Was aber meine ich mit Seele? – Nun, damit meine ich die dritte Dimension unseres Daseins, die sich zum Egobewusstsein verhält wie der dreidimensionale Würfel zu seinen Flächen. Seelenbewusstsein ist das umfassende Bewusstsein alles dessen, was wir im Ganzen und in der Tiefe sind – und das ist immer viel mehr als die Ansicht, die wir von uns *haben*; das Ansehen, das wir uns geben *wollen*.

Diese Dimension des Bewusstseins öffnet sich entsprechend immer dann, wenn wir die Oberfläche unseres alltäglichen Ich-Bewusstseins aufbrechen und uns dem zuwenden, was wir sonst noch alles sind: eben nicht nur Körper, nicht nur Wollen und Meinen, nicht nur unsere Habe – sondern auch all das, was in der Tiefe unserer Seele schlummert, unsere individuelle Lebendigkeit aber nicht minder ausmacht: unsere Träume, unsere Stimmungen, unsere Teilpersönlichkeiten, unsere Schatten, alles Verdrängte, alle systemischen Bindungen, in denen wir stehen. Kurz: Im Seelenbewusstsein erfahren wir uns selbst ganzheitlich, als umfassendes System aus Leib und Geist, Gefühlen und Gedanken, als Einheit zahlreicher, oft widersprüchlicher Aspekte unseres Daseins und unserer Identität (innere Stimmen, inneres System). Und die Erfahrung dieser komplexen Dimension unserer selbst ist, wenn wir Andreas Weber und den Erkenntnissen der Lebenswissenschaften folgen, immer eine Sache des Gefühls.

» Im Seelenbewusstsein erfahren wir uns selbst ganzheitlich.

Und Sache des Gefühls, des Sinns und Geschmacks ist auch, dass wir uns im Seelenbewusstsein als Seele inmitten einer beseelten Welt erleben, die uns von allen Seiten umgibt. Wenn wir nur erst das Gefühl für unsere eigene seelische Tiefe entwickelt haben, erschließt sich uns auch die Tiefe dieser Welt und wir fühlen uns als Teil eines übergeordneten Ganzen: als »schlechthin abhängig« von dessen Grund und Urheber ebenso wie als Mitspieler in der großen Symphonie des Universums. Im Seelenbewusstsein erschließt sich uns ein gefühltes Wissen um unsere Verbundenheit und lebendige Vernetztheit mit allem Seienden. Es ist das Bewusstsein, in dem wir uns unserer individuellen Lebendigkeit in der Fülle ihrer Aspekte und Möglichkeiten wirklich durchsichtig werden – was dann auch die Voraussetzung dafür ist, dass wir wirklich mit uns und anderen ins Reine kommen, dass wir unsere verdrängten Aspekte und Schatten ebenso in unsere Lebenswirklichkeit integrieren wie unsere Vergangenheit, die Beziehungen, in denen wir stehen, unseren Glauben, unsere Hoffnung: dass wir mit uns und unserer Umgebung im Einklang sind und uns und die Welt im Ganzen als sinnvoll erleben – in einer harmonischen Verbindung, die gerade nicht zu allem Ja und Amen sagt, sondern auch Unterschiede und Widersprüchlichkeiten auszuhalten vermag.

Anders als das von einer Atmosphäre der Angst geprägte Egobewusstsein ist das Seelenbewusstsein durchwirkt von einem Klima der Liebe – es ist ein Bewusstsein für Verbundenheit mit Mensch, Gott und Welt. Je tiefer wir in dieses Bewusstsein, diese Tiefe eintauchen, desto nachhaltiger wird unser Glück: unser Glück, das mehr ist als die kurzatmigen Freuden des Ego, die sich immer dann einstellen, wenn ein Ziel erreicht, eine neue Habe gekauft und eine vermeintliche Sicherheit gefunden wurde, weil es sich aus dem Einklang der Seele mit sich selbst genauso wie mit Gott und der Welt speist.

Dieses Bewusstsein zu entfalten, mit ihm vertraut zu werden und damit uns selbst und Gott näher zu kommen: das scheint mir die zentrale Aufgabe einer Kirche zu sein, die sich zur Nachfolge Jesu berufen weiß. Dieser Aufgabe wird sie aber nicht gerecht, wenn sie in ihrer Theorie und Praxis vorwiegend auf die Sicherheitsbedürfnisse und Ängste der Egos fixiert ist und diese durch Dogmen und Morallehren zu beruhigen trachtet. Gerecht wird sie ihr nur dann, wenn sie Menschen ins Fühlen bringt, ihnen das Herz öffnet, ihren Sinn und Geschmack fürs Unendliche schult, sie zu Sinnlichkeit und Leidenschaft ermutigt. Das heißt nicht, dass Dogmen und Moral im Christentum nichts verloren hätten. Sie haben ihr Recht, weil wir eben immer auch Egos sind – ganz so, wie es keine Würfel ohne Flächen gibt. Aber Flächen sind eben immer nur Ansichten eines Würfels, und genauso sind Egos immer nur Ansichten einer Seele. In der Tiefe sind wir Seele und nicht Ego, und deshalb muss ein authentisches Christentum in der Seele grundiert sein: im Gefühl für das Göttliche verwurzelt, von Liebe erfüllt, voller Sinn und Geschmack. Und wenn es das ist, dann steht es ihm gut zu Gesichte und schmückt es jedes realexistierende Christentum, seinem liebessatten Herzen durch Reden und Handlungen, Bekenntnisse und Lebensformen Ausdruck zu verleihen. Die aber eben nur dann glaubwürdig und authentisch erscheinen, wenn sie die Früchte einer sinnlichen, liebenden, fühlenden Spiritualität sind.

»Es schmückt das Christentum, seinem liebessatten Herzen Ausdruck zu verleihen.

Eine solche aus der Seele kommende und die Seele berührende Spiritualität umfasst dann auch alle anderen Dimensionen des Lebens. Verwurzelt und zentriert im Herzen durchdringt sie uns in allen Facetten unseres Seins – auch im Körper, auch im Geist; auch in der ersten und vierten Dimension des Bewusstseins – als eine integrale Spiritualität, die Körperlichkeit und Gefühle ebenso ernst nimmt wie Intellekt und Mystik; und das deshalb, weil sie allem voran eine sinnlich-erotische Spiritualität ist, deren erklärtes Ziel es ist, Menschen den Weg in die Dimension der Seele zu bahnen: den Weg in ihr eigenes Herz, das zugleich das Herz der christlichen Religion ist – der Ort, an dem Gott in jedem wohnt; das Organ, das Gott in allem erkennt. »Man sieht nur mit dem Herzen gut, das Wesentliche ist für die Augen unsichtbar.« (Antoine de Saint-Exupéry).

Lassen Sie uns also darüber nachdenken, wie wir das Wesentliche sichtbar machen – spürbar, fühlbar, erlebbar. Lassen Sie uns nachdenken darüber, wie eine sinnlich-leidenschaftliche christliche Spiritualität der Zukunft aussehen könnte – eine erotisch-integrale Spiritualität, die an die Stelle jener unseligen Moralisierung und Dogmatisierung der Lehre Jesu treten sollte.

Hin und weg

Momente einer christlichen Spiritualität des Herzens

Es war beim Kirchentag 2007 in Köln. Vor der Kapuzinerkirche prasselte ein Gewitterguss auf die Menge, aber davon ließ sich niemand schrecken. Hunderte standen vor der Tür und begehrten Einlass zu dem, was als »Erotischer Gottesdienst« im Programmheft angekündigt war. Ich selbst hatte das Glück zu denen zu gehören, die das Kirchenschiff betreten konnten und dort mit einem von der Empore niedergehenden weiteren Regen begrüßt wurden – einem Regen aus Rosenblütenblättern. Damit war signalisiert: Hier soll es sinnlich werden. Was denn auch geschah. Pastor Armin Beuscher und sein Team inszenierten ein schönes Fest für Körper, Geist und Seele, das zuletzt seinen Höhepunkt fand in einer kleinen Salbungszeremonie, bei der sich in Anlehnung an die biblische Salbungsszene die versammelte Gemeinde je wechselseitig einen Tropfen wohlriechenden Öls auf die Stirne strich. So viel Berührung und Zärtlichkeit hatte ich bis dato in einer Kirche noch nicht

> **» So viel Berührung und Zärtlichkeit hatte ich in einer Kirche noch nicht erlebt.**

erlebt. Zumindest nicht auf der leiblichen Ebene, denn ein emotionales Berührtwerden im Herzen war mir durchaus auch aus einer anderen Tradition christlicher Spiritualität vertraut: Taizé. Als junger Mann hatte ich oft die ökumenische Kommunität im Burgund besucht, und als ich Jahre später mit den eigenen Kindern wieder in der nach außen hin so schmucklosen Kirche saß, war es wie ein Nachhausekommen. Tatsächlich, wurde mir damals klar, atmet die Spiritualität Taizés eine ganze Menge von dem, was mir als authentische christliche Spiritualität am Herzen liegt. Denn nirgends sonst – außer vielleicht bei so außergewöhnlichen spirituellen Lehrern wie Richard Rohr und Pierre Stutz – habe ich eine Praxis Pietatis erlebt, die so unmittelbar zu Herzen geht, das Herz erfüllt, das Herz öffnet, ins Fühlen bringt, Gott spürbar macht. Vor allem fand und finde ich dort das Element erotischer Spiritualität, das mir seinerzeit in der Kapuzinerkirche zu kurz gekommen war: die Stille. Die Stille, die es braucht, um aus dem Karussell der Gedanken auszusteigen und die Oberflächendynamik unseres Alltagsbewusstseins auszusetzen. Dass Schweigen und Stille zentrale Aspekte einer sinnlich-leidenschaftlichen Spiritualität sein können, ist mir in Taizé eindrücklich klar geworden. Und die Musik, natürlich! Nicht die laute Musik, die eher in den Bauch geht, nicht die seichte Musik des kirchentagsüblichen Sacro-Pop, sondern diese fast mantrenartige leise Musik der in Endlosschleifen das Herz rührenden Taizé-Lieder; und die einfache Schönheit von Kerzenlicht und warmen Farben. All das scheinen mir Ingredienzien zu sein für eine wirklich zu Herzen gehende erotisch-sinnliche

Frömmigkeit, wie sie dem Christentum heute Not tut, wenn es dem Geist seines Stifters gerecht werden möchte.

Aber das ist nicht alles. Der Zufall (Zufall?) wollte es, dass ich selbst, einige Wochen nach dem Kölner Kirchentag, Gelegenheit hatte, im Rahmen einer der legendären Spirituellen Sommerakademien auf der Raketenstation Hombroich bei Düsseldorf eine liturgische »Liebesnacht« zu feiern – einen erotischen Gottesdienst, der um 4.30 Uhr in der Frühe begann, mit dem ersten Dämmern des heraufziehenden Sommertags. Dafür hatte ich gemeinsam mit der Hamburger Pastorin Maren Trautmann und dem Musiker Christian Bollmann eine Liturgie entwickelt, die all das zusammenfassen sollte, was uns als wesentliche Bestandteile einer zeitgemäßen, sinnlichen, erotischen Spiritualität notwendig erschien – wovon wir uns versprachen, dass es die Menschen berühren würde. Der Erfolg war überwältigend, die Kapelle brechend voll, die Gemeinde beseelt. Wir alle hatten den Sinn und Geschmack für das Unendliche auf der Zunge. Und das war schön und tat gut.

Was sind die Ingredienzien dieser Spiritualität? – Dasjenige, was ich die fünf großen »Bs« nenne: *Bezaubern, Begeistern, Bewegen, Berühren, Besinnen*. Wobei ich – nicht als Element gottesdienstlicher Praxis, aber doch als integralen Bestandteil eines leidenschaftlichen Christseins – im Anschluss an Tillich noch ein sechstes »B« dazunehmen möchte: das *Befragen*.

Bezaubern: Schönheit und Kunst

Es ist schon verrückt: Zu allen Zeiten und in allen Kulturen waren die Menschen davon überzeugt, dass Religion und Schönheit zusammengehören; dass Gott sich im Schönen zeigt und das Schöne umgekehrt das Tor zu Gott weit aufstößt. Erst das moderne Christentum hat mit der Schönheit gebrochen – einerseits auf Grund der unseligen Verteufelung alles Sinnlichen durch den Protestantismus calvinistischer Prägung, andererseits durch die umfassenden kulturellen Entwicklungsprozesse seit der Mitte des 19. Jahrhunderts, in deren Folge auch die säkulare Kunst mit Schönheit nichts mehr zu tun haben wollte.

»Zu allen Zeiten und in allen Kulturen waren die Menschen davon überzeugt, dass Religion und Schönheit zusammengehören.

Es würde hier zu weit führen historisch nachzuzeichnen, inwiefern diese beiden Faktoren zusammen spielen und in welchem Maße auch die säkulare Moderne ihre Wurzeln in der Überbetonung des Rationalen hat, die durch den Protestantismus seinerzeit potenziert wurde. Wir sollten uns nur dessen bewusst sein, dass wir heute im realexistierenden Christentum ein gebrochenes Verhältnis zur Schönheit haben; und uns deshalb so schwer damit tun, sie als Tor und Weg in die Tiefe zu würdigen; sie in unserer Spiritualität zu feiern. Aber genau das tut not.

Dass Gott sich in allem Schönen zeigt, war für die Menschen der Antike selbstverständlich. Selbstverständlich waren die Götter schön, und selbstverständlich zeigte sich der im Menschen glühende Funken des Göttlichen überall da, wo er Schönheit schuf und Schönheit zeigte. Auch die Renaissance war erfüllt von diesem Gedanken – wie übrigens auch der Islam, für den Schönheit selbstverständlich einer der 99 Namen Gottes ist. Nur uns geht das schwer ein – uns Protestanten zumal, die wir Luthers »Sola scriptura« inkorporiert haben und uns gar nicht mehr vorstellen können, in allem Schönen ins Antlitz Gottes zu schauen. Womit nicht gesagt sein soll, dass Gott nicht auch in der Schrift zuhause wäre. Gewiss ist er das, aber die Schrift und das Wort appellieren naturgemäß nun einmal an unseren Intellekt und nicht an unser Herz (es sei denn, es handelt sich um Poesie, wie wir noch sehen werden) und sorgen deshalb zwar dafür, dass uns Dogmatik und Moral zu Kopfe steigen, nicht aber dafür, dass uns die Wirklichkeit Gottes zu Herzen geht und uns mit seiner Liebe in der Tiefe unserer Seele durchdringt. Aber eben das wäre Aufgabe und Sinn jeder echten christlichen Praxis Pietatis. Und eben deshalb brauchen die Kirchen eine Rehabilitierung der Schönheit.

» Himmel, wie viel Schönheit strahlt in unseren Kirchen!

Wobei das Tröstliche ist: Sie haben davon reichlich. Himmel, wie viel Schönheit strahlt in unseren Kirchen! In den Dorfkirchen des Ostens nicht anders als in den barocken Schatzkästlein des Südens; in den romanischen Basiliken nicht anders als in den gotischen Kathedralen! Welche Pracht an Architektur, an Skulptur, an Malerei! – Unglaubliche Zeugnisse früherer Frömmigkeit, die Gott gar nicht anders feiern konnte und wollte als inmitten des Schönsten, was sie zu schaffen vermochte! Und wie karg nimmt sich dagegen so mancher geistliche Zweckbau der Nachkriegszeit aus, der wohl den Geist einer reichlich ernüchterten Religiosität atmet, dabei aber mehr einem Hörsaal als einem Tempel gleicht. Nichts, was da das Herz berückte, nichts was uns bezauberte.

Doch Bezauberung tut not, wenn Frömmigkeit nicht an der Oberfläche bleiben soll; wenn Spiritualität mehr ist als Bekenntnis, Dogma und Moral; wenn sie den Menschen mit Leib und Seele erfassen und ihm Sinn und Geschmack für das Unendliche vermitteln will. Dann braucht es Schönheit – dann braucht es den Mut zur Schönheit, der den allgegenwärtigen Kitschverdacht nicht fürchtet. Dann braucht es einen Sinn für Harmonie – nicht nur in den Kirchbauten, sondern auch im Gesamtarrangement der gottesdienstlichen Praxis: in der Liturgie, der Musik, dem Zeremoniellen etc.

> **» Bezauberung tut not, wenn Frömmigkeit nicht an der Oberfläche bleiben soll.**

Vor allem braucht es dafür aber einen Sinneswandel eines jeden frommen Christenmenschen. Machen Sie sich klar: Schönheit ist kein spiritueller Luxus, sondern ein Grundnahrungsmittel. Deshalb pflegen und feiern Sie sie! Scheuen Sie sich nicht, ihrer Leidenschaft für Schönheit nachzugehen! Im Gegenteil: Tun Sie genau das – und seien Sie sich dabei dessen bewusst, dass genau das ein Gottesdienst ist. Es ist ein Gottesdienst und ein Gebet, wenn Sie Orte aufsuchen, an denen Ihnen Schönheit begegnet – gleichviel ob das nun der Wald, ein Museum oder die Wüste ist. Es ist ein Gottesdienst, wenn Sie Ihrer Kreativität folgen und Schönheit erzeugen. Wo immer Schönheit in der Welt ist, da ist Gott – und wo immer Sie um Gottes willen Schönheit feiern und fertigen, sind Sie auf dem Weg zu ihm. Denn Sie lassen sich berühren, in die Tiefe führen. Sie folgen dem Ruf Ihres Herzens, das am Ende immer nur eines will: Lieben, lieben, lieben – und mit seiner Liebe die Welt mit dem Glanz der Schönheit Gottes überziehen. Lassen Sie sich bezaubern! Bezaubern Sie! Um Gottes willen!

»Wo immer Schönheit in der Welt ist, da ist Gott.

Begeistern: Poesie und Musik

Gewiss braucht Schönheit Gestalt. Und gewiss braucht sie dies umso mehr, wenn es darum geht, nicht einfach »nur« schön zu sein, sondern auch Inhalte zu transportieren. Dafür freilich braucht es Sprache. Sprache vermittelt Sinn. Sprache berührt unseren Geist. Und deshalb braucht es Sprache, wenn es darum geht, Menschen zu begeistern. Der Geist, weht wo er will – ohne Zweifel; die Erfahrung aber lehrt, dass der Geist immer dann besonders gerne will, wenn Menschen ihr Bestes dafür geben, ihn zur Sprache zu bringen. Und das geschieht besonders eindrücklich und nachhaltig in Poesie und Musik.

»Sola scriptura«, sagte Luther. Ich wäre versucht, ihm entgegenzuhalten: »Sola poesia« – denn es ist die Poesie, die zu unserer Seele spricht und uns in die Tiefe führt. Es ist die Poesie, die uns den Geschmack für das Unendliche auf die Zunge legt. Es ist die Poesie, die unseren Sinn für das Göttliche schärft. Warum? Weil Poesie – wo sie ihren Namen verdient – nicht gedacht, sondern gedichtet ist; weil sie aus dem Herzen hervorquillt und das gefühlte Bewusstsein von der Präsenz des Göttlichen ins Wort fügt. Und weil sie uns dazu einlädt, mit ihr in Resonanz zu gehen und solcherart dieses Bewusstsein auch in uns zu wecken.

»Es ist die Poesie, die zu unserer Seele spricht.

Als wir seinerzeit den erotischen Gottesdienst, die »Liebesnacht« feierten, haben wir genau aus diesem Grund darauf verzichtet, irgendeine Form der Ansprache oder gar Predigt vorzusehen (denn was ist unerotischer als eine Predigt?). Stattdessen haben wir Sequenzen von Poesie eingebaut – bevorzugt übrigens in Gestalt biblischer Worte, denen zumeist ein hohes Maß an poetischer Kraft eignet, sind sie doch oft bereits hochgradige Verdichtungen spiritueller Erfahrung. Was auch von den mythischen Erzählungen der Bibel gilt, ist der Mythos doch so etwas wie der rechtmäßige Zwilling der Poesie. Gleichviel: Mehr Poesie, weniger Diskurs – das wäre die Devise einer sinnlichen, erotischen Spiritualität, die ins Herz führt und es öffnet; die mit Gott flirtet, statt über ihn zu diskutieren.

Das heißt freilich nicht, dass – ginge es nach mir – ab sofort nur noch Gedichte in unseren Kirchen vorgetragen werden sollten. Es heißt vielmehr: Es sollte in unseren Kirchen und spirituellen Texten nur noch eine Sprache gesprochen werden, die von Herzen kommt und sich an Herzen wendet: eine Sprache, deren Inhalt gefühlt und aus lebendiger Erfahrung gewachsen ist; die nicht neue und scharfsinnige Variationen auf die institutionelle Ideologie und Glaubenslehre zu Gehör bringt, sondern die Seelen ihrer Zuhörer bewegt und berührt; eine Sprache, die nicht moralische Überzeugungen predigt, sondern die Liebe zum Leben entfacht und dadurch zum beherzten Handeln ermutigt; eine Sprache, die man fühlen und schmecken kann. So wie es die Musik tut.

Musik begeistert und bezaubert. »Wer Musik liebt, wird früher oder später die erhabensten Bereiche der Geisteswelt erreichen«, schrieb einst der Mystiker Hazrat

Inayat Khan. Und tatsächlich: Alle spirituellen Traditionen der Menschheit weisen der Musik die höchste Bedeutung zu: von der Trommel des Schamanen bis zur Matthäus-Passion von Johann Sebastian Bach. Musik, so will mir scheinen, ist ein Königsweg zu Gott. Und das ist wohl auch der Grund dafür, dass die Christenheit selbst in ihren sinnenfeindlichsten Erscheinungsformen der Musik doch nie abgeschworen hat. Es ist sicher kein Zufall, dass gerade der ansonsten so wortlastige Protestantismus die Kirchenmusik im 17. und 18. Jahrhundert zu ihrer schönsten Blüte gebracht hat; und dass man auch heute sicher

» Alle spirituellen Traditionen der Menschheit weisen der Musik die höchste Bedeutung zu.

sein kann, dass die Kirche brechend voll ist, wenn Bachs Weihnachtsoratorium gegeben wird – auch wenn sie an einem normalen Sonntag eher kärglich gefüllt sein sollte.

Ein Musikdefizit kann man dem realexistierenden Christentum mithin nicht vorwerfen. Es ist eher die Frage, ob die Musik, die in seinen Gottesdiensten und Andachten gemeinhin gepflegt wird, tatsächlich noch die Menschen berührt und in die Tiefe führt. So wie es die Taizé-Gesänge zweifellos tun; oder die Musik spirituell berührter Komponisten wie dem Hamburger Helge Burggrabe. Wenn es darum geht, mehr Sinnlichkeit und Leidenschaft in die christliche Praxis Pietatis zu bringen, dann wird es folglich darauf ankommen, einen sorgfältigen Musik-Check vorzunehmen und genau zu überlegen, welche Musik uns wirklich begeistert und bezaubert und berührt und bewegt ... Womit wir beim dritten »B« wären.

Bewegen: Pilgern und Tanzen

Das Herz will nicht nur begeistert und bezaubert werden – es sehnt sich auch nach Berührung und Bewegung; und das sowohl körperlich als auch emotional. Und beides gehört zu einer sinnlich-leidenschaftlich-erotischen Spiritualität unbedingt dazu. Deshalb komme ich nun zu ihren beiden Facetten, die vor allem dem Körper gelten, ihn spirituell würdigen und Gott in unserer Körperlichkeit feiern: Berührung und Bewegung.

» Unsere Körper sehnen sich danach, Gott nahe zu kommen.

Wir sehnen uns danach. Anders kann ich mir den bahnbrechenden Erfolg von Hape Kerkelings Pilgerbuch »Ich bin dann mal weg« nicht erklären. Wir sehnen uns danach, Gott mit unserem Körper nahezukommen. Oder besser: Unsere Körper sehnen sich danach, Gott nahe zu kommen und als Tempel des Heiligen Geistes (wie Paulus den Körper einst nannte) ernst genommen zu werden. Sie sehnen sich danach, aufzubrechen und bewegt zu werden. Und also machen sie sich auf den Weg gen Santiago, um Schritt für Schritt die Oberfläche der Alltagsgeschäftigkeit aufzuweichen und die beseelte Tiefe des Lebens zu erkunden. Denn davon zeugen alle Pilger: Dem Weg durch das Land entspricht der Weg in die Seele. Beide führen sie zum Ziel: zu Gott – dorthin, wo unser wahres Zuhause ist.

Und eben deshalb ist Pilgern so erotisch: Weil Eros eben auch ein Wanderer ist – ein Wanderer, der zwischen Gott und Mensch vermittelt. »Die Liebe packt uns alle beim Genick, und schleppt uns Zappelnde zu Gott«, sagte Rumi und beschrieb damit ziemlich genau, was das Geheimnis des Pilgerns ausmacht. Es ist ein erotisch-sinnliches Geschehen: ein über die Grenzen des Bekannten Hinausgehen, ein Zurücklassen der üblichen Bahnen und Bezüge unseres Daseins, worin sich das Ego so bequem eingerichtet hat – so bequem, dass es zuletzt nur noch um sich selbst kreist und vergisst, dass es dazu berufen ist, sich der Verbundenheit mit allem liebend und feiernd bewusst zu werden. Deshalb braucht es der *Auf*brüche, deshalb braucht es des Pilgerns. Deshalb zogen wir beim erotischen Gottesdienst in Hombroich mit der ganzen Gemeinde hinaus in den kommenden Tag, um unter freiem Himmel die aufgehende Sonne zu begrüßen – als Symbol des allgegenwärtigen Gottes, dessen Liebe uns wie die Strahlen der Sonne wärmt und kräftigt.

Und deshalb braucht es auch *Aus*brüche – deshalb braucht es die Ekstase des Tanzes. »Ich würde nur an einen Gott glauben, der zu tanzen verstünde«, sagte einst Nietzsche, und selbst unser Freund Augustinus soll gesagt haben: »Ich lobe den Tanz, denn er befreit den Menschen von der Schwere der Dinge«. Womit er dem schönen Sufi-Spruch nahekommt: »Gott achtet uns, wenn wir arbeiten. Aber Gott liebt uns, wenn wir tanzen.« Warum? Weil Tanzen in die Tiefe führt.

> **» Ich würde nur an einen Gott glauben, der zu tanzen verstünde.**

Ob Tango oder Samba, ob Walzer oder klassisches Ballett, ob Pogo oder Techno, ob Sirtaki oder Schuhplattler: Wer tanzt, setzt sich aufs Spiel; riskiert, aus der Haut zu fahren; wagt es, die übliche Kontrolle über Körper und Gefühle fahren und sich selbst gehen zu lassen. »Weil der Tanz ein Mittel ist, das erlaubt, einfach mal den Kopf abzuschalten«, sagt die Choreographin Helena Waldmann. »Der Kopf ist der Eintrittspreis. Wenn Sie zum Fest des Lebens wollen, dann kostet Sie das den Kopf – oder wenigstens den Verstand.« Und das kann – recht verstanden – ein zutiefst spirituelles Ereignis sein; und ein erotisches allzumal. Man denke nur an den alten König David, der angeblich einst nackt vor der heiligen Lade tanzte.

Das kirchliche Lehramt blieb davon leider Gottes allerdings unbeeindruckt. In seiner Be- bzw. Verurteilung des Tanzens orientierte es sich über Jahrhunderte nicht am nackten David, sondern am zürnenden Moses, den der fröhliche Reigen der Israeliten um das Goldene Kalb in gehörige Rage brachte. Doch – auch hier wollen wir nicht die Augen vor den Aufbrüchen im realexistierenden Christentum verschließen – es ändert sich. Kirchentanz ist kein Tabu mehr. »Der Tanz ist ein hervorragendes Mittel im Dienst und in der Freude des christlichen Glaubens«, erklärt etwa der katholische Theologe Gereon Vogler auf der einschlägigen Internetseite www.kirchentanz.de. Und ein Kirchentagsgottesdienst ohne Tanzperformance ist beinahe gar nicht mehr vorstellbar.

Aufbrüche und Ausbrüche. Pilgern und Tanzen – uralte spirituelle Ausdrucksformen, die sich neuer Beliebtheit erfreuen, die in die kirchliche Praxis wieder Einzug halten und nach meinem Dafürhalten dort von Herzen willkommen geheißen werden sollten: weil sie zu Herzen gehen und in die Tiefe führen, in der wir Gott begegnen können. Sie sind zentrale Aspekte einer erotisch-sinnlichen Spiritualität, und wir sollten unsere kreative Kraft darauf wenden, sie gut und authentisch in die Praxis Pietatis unserer Kirchen zu integrieren.

Berühren: Zärtlichkeit und Sinnlichkeit

Irgendwie ist es grotesk. Ausgerechnet die Geste, die in der gängigen Liturgie für die körperliche Berührung von Mensch zu Mensch vorgesehen ist, gerät nur allzu oft zum deprimierendsten Moment eines Gottesdienstes: der Friedensgruß. Ich habe es wieder und wieder erlebt. »Gebt einander ein Zeichen des Friedens«, lädt der Pastor die Gemeinde ein. Und dann geht es los. Ein flüchtiges Händereichen rechts, bemühtes Shakehands links. Man schaut aneinander vorbei und drückt die Hand des Nachbarn betont herzhaft. Und ist froh, wenn's vorne weitergeht. Wie anders dagegen die Erfahrung beim Erotischen Gottesdienst in Köln! Wie wunderbar, sich von seinem Nachbarn mit dem wohlriechenden Öl sanft über die Stirn fahren zu lassen! Wie wohltuend, der Nachbarin in aller Achtsamkeit und Zuwendung diese Geste zu schenken. Anders als ein Händedruck kann sie gar nicht anders als zärtlich verübt werden – unweigerlich gerät sie zu einem Symbol körperlicher Zuwendung. Und eben darin scheint sie mir ganz mit dem Geiste Jesu übereinzustimmen, der doch in all seinem Tun konkret, körperlich, liebevoll war. Und genau deshalb würde ich mir wünschen, dass die Salbung zu einem integralen Bestandteil der gottesdienstlichen Praxis unserer Kirchen werden würde.

Tatsächlich gibt es ja auch zunehmend Salbungsgottesdienste und Thomasmessen, bei denen dieses schöne Ritual begangen wird. Doch finde ich dabei nicht immer die Herzensschwingung, diese – im eigentlichen Sinne des Wortes – erotische Atmosphäre, die erst die ganze spirituelle Kraft der zarten Berührung entfaltet. Als wir bei der Spirituellen Sommerakademie in Hombroich das Salbungsritual in die Mitte unserer liturgischen Feier stellten, achteten wir deshalb sorgsam darauf, durch Musik, Poesie und Bewegung einen Raum zu öffnen, der es möglich machte, die Berührung nicht aus dem Kopf, sondern aus dem Herzen hervorgehen zu lassen. Besonders hilfreich erwies sich dafür eine Zeit der Stille, die der Salbung voraus ging. Sie half wohl allen Anwesenden, sich ganz auf den besonderen Geist der Liebe einzuschwingen, der die Salbung zu einem tiefen spirituellen Ereignis werden ließ; sie half, sich für die Berührung durch eine andere Hand zu öffnen – und sie half, der eigenen Hand die Zärtlichkeit einzuverleiben, in der sich die körperliche Zuwendung Gottes zum Menschen zum Ausdruck brachte.

Ich werde diese Erfahrung nicht vergessen. Mir war tatsächlich, als berührte mich durch die Hand meiner Nachbarin das Unendliche. Mir war, als flösse diese Berührung von meiner Stirn durch alle Nerven meines Körpers hindurch mitten ins Herz. Ich war in der Tiefe berührt. Und mir wurde klar: Wenn Gott die Liebe ist, dann will er diese Liebe in allen Facetten des Lebens bekunden – auch körperlich, auch emotional. Aber dafür stehen ihm keine anderen Organe zur Verfügung als die Hände und Körper der Menschen, die sich von seinem Geist der Liebe durchdringen und erfüllen lassen. Und diese sinnliche, konkrete und gefühlvolle Liebe findet, wie mir scheint, im Salbungsritual nicht nur einen wunderbaren Ausdruck, sondern

» Wenn Gott die Liebe ist, dann will er diese Liebe in allen Facetten des Lebens bekunden.

auch eine Praxis, durch die wir uns immer tiefer in sie und auf sie einlassen können.

Doch wünsche ich mir nicht nur die Integration der körperlichen Berührung in die Praxis Pietatis christlicher Gottesdienste; beinahe noch mehr wünsche ich mir ein Bewusstsein dafür, dass jede Berührung, jede zärtliche Geste, die wir anderen zuteil werden lassen, ein spirituelles Ereignis sein kann. Pierre Stutz erzählte mir unlängst von einer Kirchentagsveranstaltung, bei der sich seine Zuhörer dafür aussprachen, mehr Erotik in unsere Gottesdienste zu tragen. Er habe zu verstehen gegeben, dass er diesen Wunsch teile; dass es ihm aber noch viel wichtiger sei, dass die Menschen mehr und mehr begriffen, dass auch ihr Schlafzimmer ein Ort des Gottesdienstes zu sein vermag. Weil Sexualität und Zärtlichkeit ein heiliges Geschehen sind, so denn in ihnen zwei glühende Herzen ihrer Liebe Ausdruck verleihen. Warum sollte nicht so etwas wie ein »christliches Tantra« möglich sein, bei dem in hoher Achtsamkeit und wacher Verbundenheit zwei liebende Menschen den Gott der Liebe in der Sexualität feiern?

Ein letzter Gedanke dazu: Den Körper in der spirituellen Praxis zu würdigen bedeutet immer auch, der Fragilität und Vergänglichkeit unseres Daseins ins Auge zu schauen. Wir sind immer auch Körper. Und als Körper sind wir sterblich, hinfällig, leidend. So wie auch Jesus starb und litt. Doch welch ein Irrsinn ist es eigentlich zu meinen, unsere Körperlichkeit sei deshalb etwas Schlechtes, das überwunden werden muss? Wäre es nicht viel naheliegender, unseren Körper gerade deswegen zu lieben und als das zu würdigen, was er nach dem berühmten Wort des Paulus immer schon ist: ein Tempel des Heiligen Geistes? Und wäre es dann nicht nur legitim, sondern gar geboten, auch solche in kirchlichen Kreisen oft verpönten Dinge wie Wellness und Sport als mögliche Orte der Begegnung mit Gott ernst zu nehmen? Jedenfalls gefällt es mir, wenn Benediktinerpater

» Wir sind immer auch Körper, und als Körper sind wir sterblich, hinfällig, leidend.

Willigis Jäger sich in diesem Sinne für eine Rehabilitation von Wellness und Fitness stark macht. Und wenn er immer wieder betont, »dass der Körper unser Freund auf dem spirituellen Weg ist. Er ist ein Instrument, in dem Gott erklingt«. – So ist es; und zwar gerade weil dieses Instrument so fragil und zerbrechlich ist und unsere und Gottes zärtliche Liebe deshalb Pflege und Fürsorge braucht. Auch auf dem Krankenbett, auch auf dem Sterbelager.

Besinnen: Schweigen und Beten

Pilgern und Tanzen, Bewegung und Berührung, Zärtlichkeit und Zuwendung: Praktiken, die unseren Sinn für das Unendliche schärfen, uns den Geschmack Gottes auf die Zunge tragen. Wenn – ja wenn sie bewusst vollzogen werden, wenn sie aus dem Herzen und nicht aus dem Kopf kommen, wenn sie *con amore* verübt sind. Und das ist nicht selbstverständlich. Deshalb braucht es im Spektrum der erotischen Spiritualität einer weiteren Facette; vielleicht der wichtigsten. Ich hatte sie schon mehrfach erwähnt: die Stille.

Die Stille bringt uns zur Besinnung. Die Stille lässt uns allererst empfänglich werden für den Anspruch der Schönheit – und den Zuspruch des Lebens. Sie schärft wie nichts anderes unseren Sinn für Musik und Poesie, öffnet unsere Ohren für die Sprache des Unendlichen. Die Stille macht uns bereit dafür, uns nicht einfach nur bewegen zu lassen (wir bewegen uns dauernd), sondern uns in die Tiefe des Herzens führen zu lassen. Ja, die Stille bereitet unsere Seele, dass sie sich wirklich, wirklich von Gott berühren zu lassen vermag.

Ohne Stille laufen wir immer nur Gefahr, uns in den Gedankenbahnen unseres Intellekts zu verstricken. Ohne Stille drohen wir, uns alle Segnungen in den Kopf steigen zu lassen, wo sie doch zu Herzen gehen sollen.

» Ohne Stille ist alles andere nichts wert.

Deswegen kann ich mir keine sinnliche Spiritualität vorstellen, deren Herz und Mitte nicht die Stille wäre; und keinen erotischen Gottesdienst, der nicht den Mut aufbrächte, seine Gemeinde dem Schweigen auszusetzen. So wie es in Taizé praktiziert wird – so, wie es dort die eigentliche Kraftquelle der Spiritualität ist, die das Herz so unendlich weit werden lässt, dass es Gott und die Welt mit sinnlicher Leidenschaft zu lieben weiß. Im Ernst: Ohne Stille ist alles andere nichts wert. Ein Gedicht von Rainer Maria Rilke:

Wenn es nur einmal so ganz stille wäre.
Wenn das Zufällige und Ungefähre
verstummte und das nachbarliche Lachen,
wenn das Geräusch, das meine Sinne machen,
mich nicht so sehr verhinderte am Wachen ...

Dann könnte ich in einem tausendfachen
Gedanken bis an deinen Rand dich denken
und dich besitzen (nur ein Lächeln lang),
um dich an alles Leben zu verschenken
wie einen Dank.

Besinnung in der Stille – das ist das wichtigste Ingredienz der sinnlich-leidenschaftlichen Spiritualität, die ich für *not*wendig halte und für die zu werben, ich hier die Ehre und das Vergnügen hatte. Der Rest ist Schweigen. Beinahe jedenfalls.

Befragen: Dialog und Gespräch

Beinahe, weil ich eine letzte Facette der von mir propagierten Reformulierung des Christentums als einer integralen Religion der Herzens nicht unterschlagen möchte. Sie betrifft nicht so sehr die spirituelle Praxis als vielmehr das schon angesprochene Thema der Seelsorge. Denn diese sollte wirklich eine Sorge für und um die Seele der Menschen sein: Eine Praxis, die sie dabei unterstützt, den Weg in die Tiefe des eigenen Lebens und der uns umgebenden Welt anzutreten; die sie ermutigt, diesen Weg gerade auch dann zu gehen, wenn er durch dunkle Zeiten des Leidens und der Krisen führt. All das gehört dazu und will angenommen und gesehen sein. Denn oft genug schon waren es gerade die Krisen, die einen Menschen von seiner Ego-Fixierung befreit und von der Oberfläche in die Tiefe geführt haben.

Schleiermachers Gefühl der schlechthinnigen Abhängigkeit von Gott kann auch ein schmerzhaftes Gefühl sein – und der Geschmack des Unendlichen ist nicht immer süß, sondern zuweilen auch ziemlich bitter. Aber immer ist es doch ein lebendiger Geschmack und ein lebendiges Gefühl. Und immer offenbart sich eben deshalb in ihm der Gott, von dem es heißt, er sei ein lebendiger, liebender Gott. Seelsorge, wie ich sie mir wünsche, wird es deshalb nicht darauf angelegt sein lassen, Krisen zu umschiffen und Leiden zu vermeiden. Zumindest ist das nicht ihre Hauptaufgabe. Ihre Hauptaufgabe wäre es, das Gespräch mit den Menschen zu suchen: sie zu befragen und zuweilen auch in Frage zu stellen. Um sie zu öffnen, um sie empfänglich zu machen und ansprechbar für Gott; um

>> **Hauptaufgabe von Seelsorge wäre es, das Gespräch mit den Menschen zu suchen.**

sie Vertrauen in ihr Fühlen fassen zu lassen und ihnen den Geschmack des Unendlichen wieder schmackhaft zu machen.

Aber was ist eigentlich eine Frage? Diese Frage hat sich mit besonderer Beharrlichkeit der Philosoph Hans-Georg Gadamer vorgelegt. In seiner Abhandlung *Wahrheit und Methode* schlägt er folgendes vor: »Fragen heißt ins Offene stellen. Die Offenheit des Gefragten besteht in dem Nichtfestgelegtsein der Antwort. Das Gefragte muss für den feststellenden und entscheidenden Spruch noch in der Schwebe sein. Das macht den Sinn des Fragens aus, das Gefragte so in seiner Fraglichkeit offenzulegen.« Fragen öffnen. Wo es sich um echte und nicht um rhetorische Fragen handelt (die eigentlich nur auf den Triumpf der bereits gehabten Antwort abzielen), da wird das Gewusste, Bekannte, Für-wahr-Gehaltene durch die Frage überschritten – und ineins damit werden der Fragende und der Gefragte auf eine sie übersteigende Dimension hin geöffnet. Wo eine Frage in ungeheuchelter Unwissenheit über das Erfragte aufgeworfen wird, da öffnet sie einen Gesprächsraum, der Tiefe hat. Wer in ihn eintritt, kommt nicht mehr als derselbe heraus, als der er eintrat. Und genau das ist ein erotisches, liebendes, den Menschen verwandelndes und begeisterndes Ereignis.

»Das Fragen ist die Frömmigkeit des Denkens«, sagte einst der Philosoph Martin Heidegger. Mir scheint, damit hat er nicht nur eine Wahrheit über die Philosophie ausgesprochen, sondern auch eine Wahrheit über jede

Religion: Nicht minder wichtig, denn den Menschen gute Antworten zu geben, ist es, gute Fragen zu stellen.

Eben dies zu tun, ist auch Sinn und Zweck dieses Buches. Es will provozieren und in Frage stellen. Es will Sie ermutigen, aufzubrechen und umzudenken. Und wenn es dabei zuweilen in seinem Duktus gar zu entschieden daher kam, dann bitte ich um Nachsicht. Denn es geschah ja nicht aus Böswilligkeit und Übelwollen, sondern aus enttäuschter Liebe – zum realexistierenden Christentum, dessen vergessene tiefe Weisheit und Schönheit ich gar zu gern in ihrer ganzen Pracht neu erstrahlen sähe.

Literatur

Aurelius Augustinus: Vom Gottesstaat (De Civitate Dei). dtv, München 1991.

Peter Brown: Die Keuschheit der Engel. Hanser Verlag, München 1991.

Hans-Georg Gadamer: Wahrheit und Methode. Grundzüge einer philosophischen Hermeneutik. Siebeck-Mohr, Tübingen 1986.

Gotthold Ephraim Lessing: Das Testament Johannis, in: Ders., Werke, Band VIII. WBG Darmstadt 1979, S. 15-19.

Mechthild von Magdeburg: Das fließende Licht der Gottheit. Zweite, neubearbeitete Übersetzung mit Einführung und Kommentar von Margot Schmidt. Frommann Holzboog, Stuttgart 1995.

Friedrich Nietzsche: Morgenröthe, KSA, Band 3. dtv, München 1988.

Platon: Das Symposion (Das Gastmahl). Übersetzt und herausgegeben von Barbara Zehnpfennig. Felix Meiner Verlag, Hamburg 2000.

Friedrich Schleiermacher: Über die Religion. Reden an die Gebildeten unter ihren Verächtern. Herausgegeben von Andreas Arndt. Felix Meiner Verlag, Hamburg 2004.

Walter Schubart: Religion und Eros. Beck Verlag, München 1966.

Paul Tillich: Die verlorene Dimension, in: Ders., Die Frage nach dem Unbedingten. Gesammelte Werke, Band V. Klett Verlag, Stuttgart 1964.

Andreas Weber: Alles fühlt. Mensch, Natur und die Revolution der Lebenswissenschaften. Berliner Taschenbuch Verlag, Berlin 2007.

Weitere Veröffentlichungen des Autors

Christoph Quarch: Und Nietzsche lachte. Wie man sich mit Platon verliebt, mit Sokrates gelassen wird und trotz Kant den Sinn des Lebens findet. Kailasch Verlag, München 2012.

Christoph Quarch: Hin & weg. Verliebe dich ins Leben. Eine Philosophie der Liebe. Kamphausen Verlag, Bielefeld 2011.

Christoph Quarch: Die Quelle allen Übels. Wie Augustin den Eros tötete, in: Klaus Hofmeister und Lothar Bauerochse (Hg.): Himmlische Lust. Religion und Sexualität – eine spannungsreiche Beziehung. Claudius Verlag, München 2011, S. 69-83.

Christoph Quarch: Die Erotik des Betens. Eine mystische Gebetsschule mit Rumi und Mechthild von Magdeburg. Kösel Verlag, München 2007.

Christoph Quarch: Eros und Harmonie. Eine Philosophie der Glückseligkeit. Herder Verlag, Freiburg 2006.